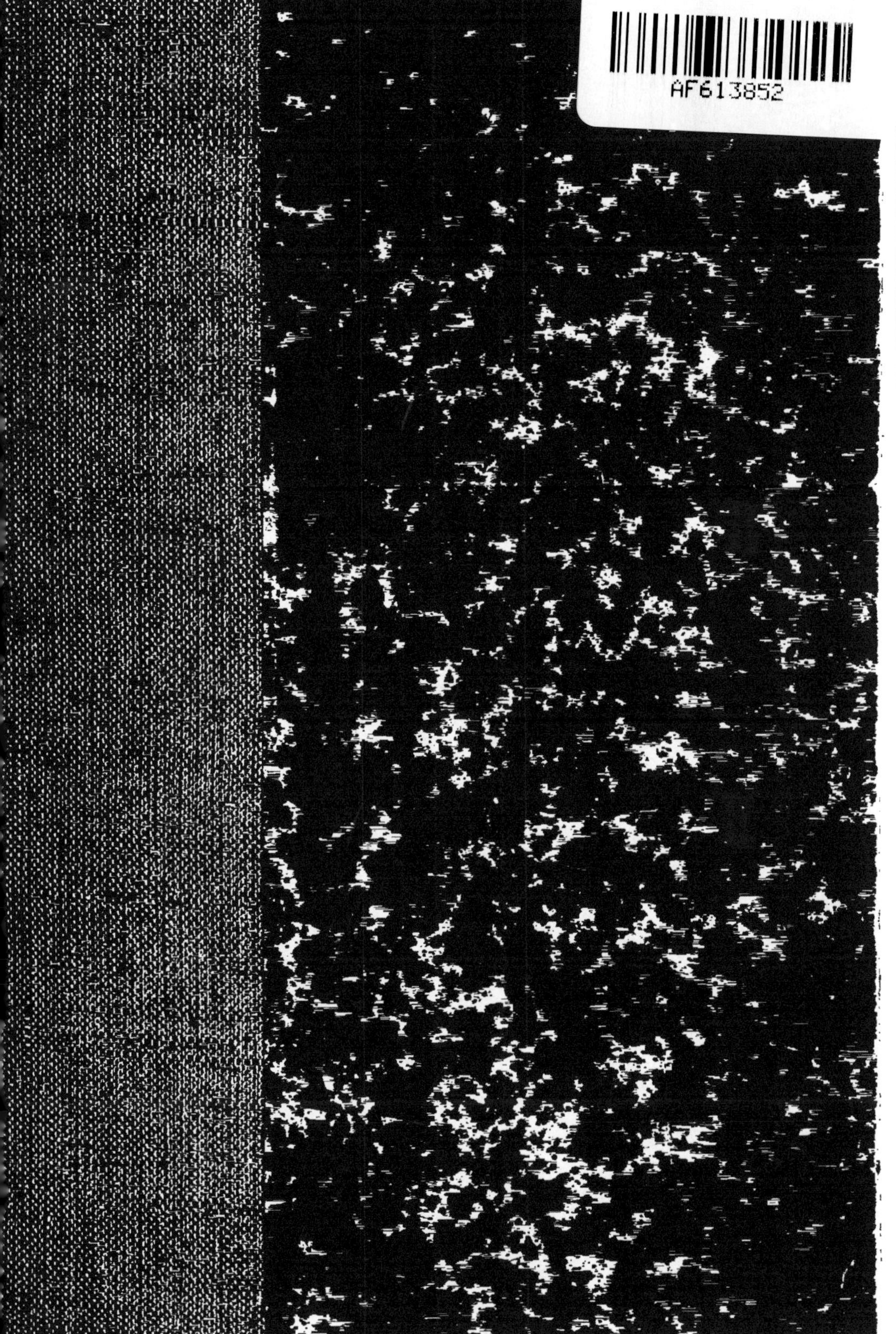

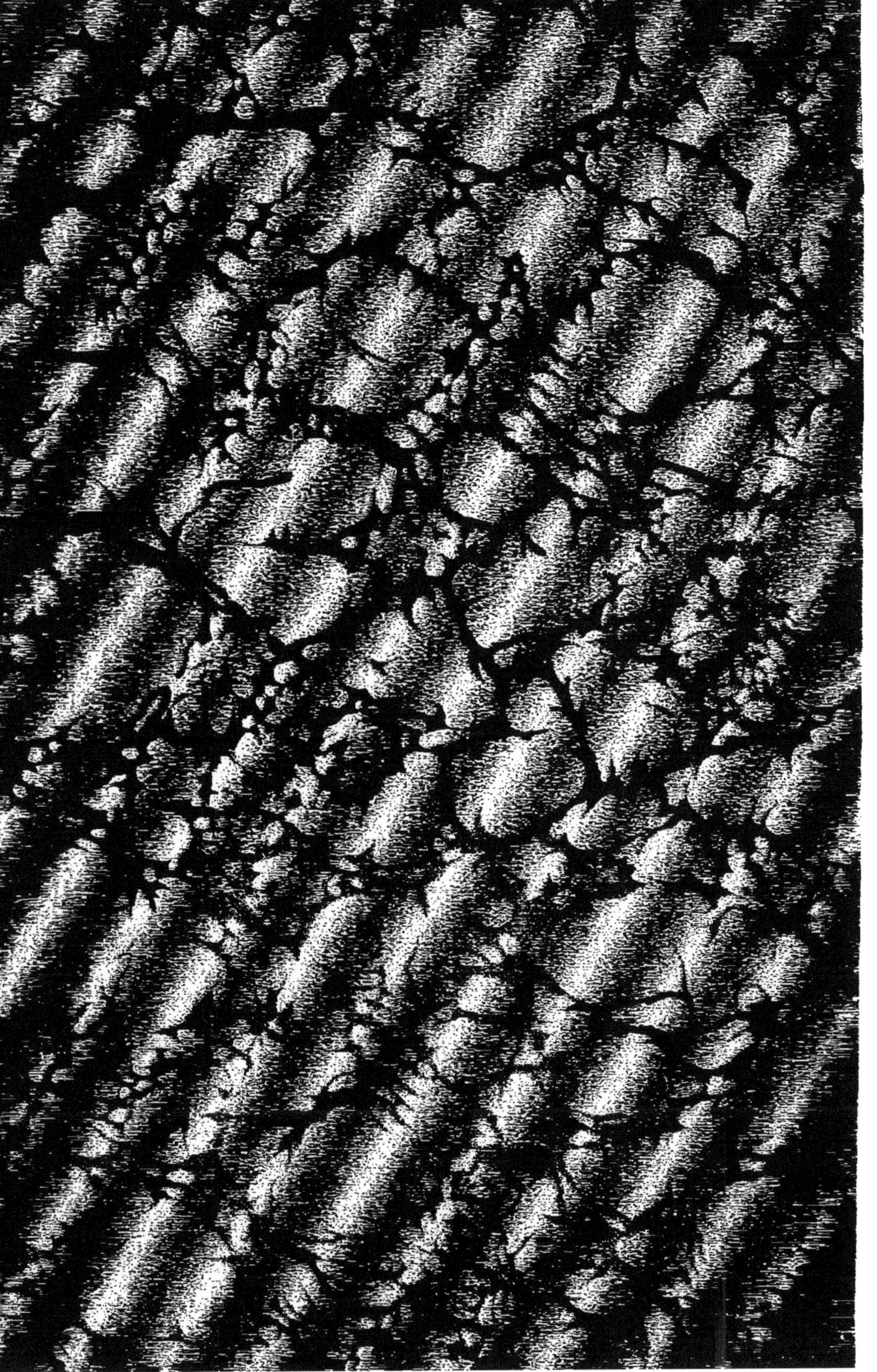

DEUX VOLONTAIRES DE 1791

LES FRÈRES FAVIER

DE MONTLUÇON

JOURNAL ET LETTRES

PUBLIÉS D'APRÈS DES PAPIERS DE FAMILLE

PAR L. DUCHET

MONTLUÇON
IMPRIMERIE A. HERBIN

1909

GILBERT FAVIER, Capitaine

Phototypie Berthaud. Paris.

LES FRÈRES FAVIER

DE MONTLUÇON

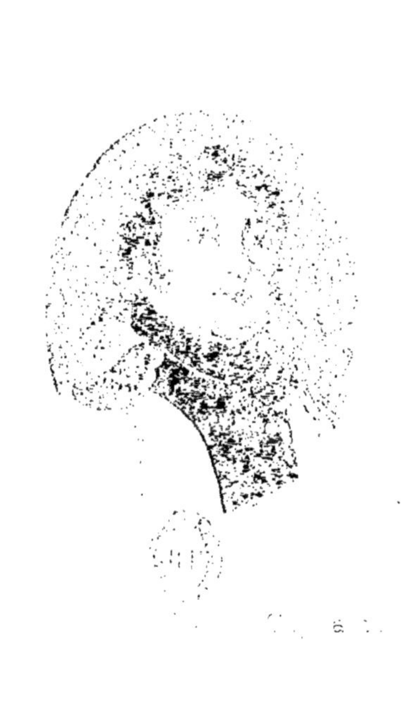

LES FRÈRES FAVIER

DE MONTLUÇON

DEUX VOLONTAIRES DE 1791

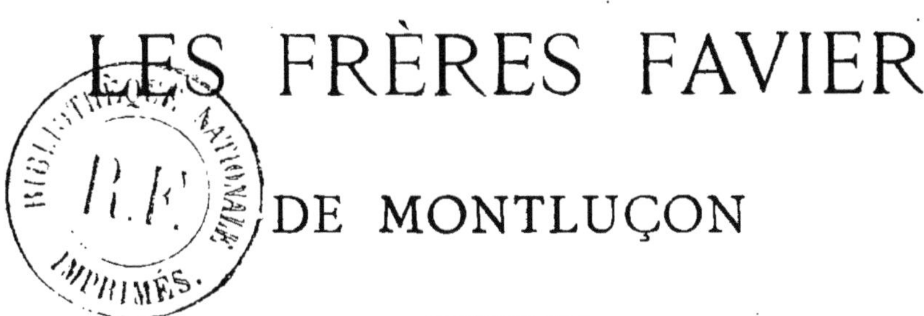

LES FRÈRES FAVIER

DE MONTLUÇON

JOURNAL ET LETTRES

PUBLIÉS D'APRÈS DES PAPIERS DE FAMILLE

PAR L. DUCHET

MONTLUÇON
IMPRIMERIE A. HERBIN

1909

LES FRÈRES FAVIER

DE MONTLUÇON

Les notes journalières et les lettres écrites par les frères Favier, offrent un certain intérêt ; il paraît que parmi ces témoins des premières guerres de la République, bien peu ont laissé des souvenirs écrits, et au point de vue local, ils nous racontent, jour par jour, les étapes du premier bataillon de l'Allier.

Les volontaires de 1791 sont vraiment les seuls qui méritent ce nom, un véritable enthousiasme, inspiré par le plus pur patriotisme, les fit partir, et dans leurs rangs se trouvèrent représentées les meilleures familles des provinces. En 1792 on procéda à un tirage au sort, et ceux que l'on appelle encore des volontaires, furent obligés de partir.

Gilbert Favier et son frère Gilbert-Amable sont nés à Montluçon, leur père Annet Favier, avocat et procureur à la châtellenie de cette ville, exerça, par intérim, le greffe au tribunal de l'Election de 1770 jusqu'au 13 novembre 1779 où il mourut âgé de 42 ans. Leur mère était Marguerite Bonnet, tante de Louis Bonnet, avocat à Moulins, qui fut un des trente-deux citoyens envoyés à Lyon par le comité révolutionnaire de Moulins, où ils furent guillotinés le onze nivôse an 2.

Gilbert Favier, né le 28 mars 1769 et Amable-Gilbert Favier, né le 3 octobre 1773, s'engagèrent des premiers " pour voler aux frontières ", ils étaient déjà, l'un sergent, l'autre caporal dans la garde nationale. Ils quittèrent Montluçon, avec leurs camarades, le 30 septembre 1791 pour Moulins, où devait se former leur bataillon. Ils furent accompagnés jusqu'à une certaine distance de la ville, par les administrateurs du district, la municipalité et la garde nationale ; Favier l'aîné fit un discours pour répondre à leurs compliments.

A Moulins, Favier l'aîné fut nommé officier dans la compagnie des voltigeurs et Favier le jeune, sergent dans celle des grenadiers. Ces nominations doivent être du 4 octobre, car c'est à partir de ce jour que Favier le jeune reçoit sa solde de sergent, soit 4 livres 16 sous pour quatre jours. Le 16 novembre, le bataillon quitte Moulins pour Epernay, et le cahier de notes de Favier le jeune nous renseigne sur leur voyage ; il décrit avec la sincérité de ses dix-huit ans les lieux qu'ils traversent. Le 10 mai 1792, après plusieurs contre-ordres, départ du bataillon pour l'armée du Nord. Cette armée était composée d'anciens régiments, les bataillons de volontaires ne lui apportaient, malgré leur ardeur, qu'un contingent sans expérience. Amable Favier reprend son journal, raconte son arrivée au camp de Givet, son séjour à l'armée du Nord, jusqu'au 15 octobre, où, malade, il va à l'hôpital et revient à Montluçon. Amable-Gilbert Favier retourne à son corps le 17 mai 1793. Il est blessé d'un coup de feu, qui lui brise les os de la main gauche, le 28 floréal an 2, à

Moncrois près Tourcoing (Nord). Ne pouvant plus faire un service actif, il entra dans l'intendance, où il fut employé au service des vivres pendant quelques années, toujours à l'armée du Nord ; enfin il obtint son congé absolu et rentra à Montluçon pour ne plus le quitter. Plusieurs années après il fut nommé percepteur et épousa, le 18 février 1819, Marie-Catherine Duprat de Marcoin ; il décéda le 29 novembre 1827.

Son frère aîné, Gilbert Favier, qui a dû commencer ses études à Montluçon, fit sa logique et sa physique à Bourges, il avait presque fini son droit lorsqu'il s'engagea. Fait prisonnier en 1793, il passa plus de deux ans en Angleterre d'où il débarqua à Calais les premiers jours de l'an 4. Il va rejoindre le bataillon de l'Allier qui était en Vendée, on verra la lettre où il raconte la mort d'un volontaire, le fils du maire de Montluçon, de Favières.

En fructidor an 4, lorsque l'armée fut réorganisée, la demi-brigade de l'Allier, qui était encore en Vendée, forma la 27e demi brigade ; Gilbert Favier n'y fut point employé, il devint surnuméraire et revint à Montluçon.

En nivôse an 7, il est envoyé à Besançon où se forma la 101e demi-brigade, il y fut nommé lieutenant.

Le 20 ventôse an 8, Gilbert Favier est nommé au choix, capitaine de la 2e compagnie du 1er bataillon ; en prairial an 8, il passe en Suisse et en Italie et assiste à la bataille de Marengo.

La 101e demi-brigade, qui forma plus tard le 101e régiment d'infanterie, reste à l'armée d'Italie ; à Brescia, où ils firent un assez long séjour, Favier est rapporteur au premier conseil de guerre, il reste en Italie jusqu'en l'an 12, où il est nommé capitaine commandant la place, à Napoléon (Vendée), au 82e d'infanterie, il est embarqué le 14 septembre 1806 sur la frégate impériale l'*Infatigable* avec sa compagnie de trois cents hommes du 82e, est fait prisonnier de guerre par les Anglais le 25 septembre suivant et ne rentra en France qu'en 1814, il fut donc en deux fois, prisonnier en Angleterre pendant dix ans.

En 1814, il est envoyé au 88e de ligne en garnison au Havre, et en 1816, nommé capitaine dans la légion de l'Allier, en résidence à Moulins. Il est nommé chevalier de Saint-Louis.

Il épousa, à Montluçon, le 26 juin 1816, Zoé Dupuilatat de Besse et décéda, sans enfants, à Moulins, le 18 janvier 1819 ; il aimait à s'occuper d'œuvres littéraires et fit plusieurs traductions, ayant utilisé ses séjours dans divers pays à apprendre l'allemand, l'anglais et l'italien (1).

L. DUCHET.

(1) *Article nécrologique paru dans le journal « Feuille d'Affiches » du 28 janvier 1819.*

Le deuxième bataillon de la Légion de l'Allier vient de perdre son plus ancien capitaine; M. Gilbert Favier, âgé de 49 ans, natif de Montluçon, est décédé à Moulins le 18 de ce mois. Un de ses camarades, M. le capitaine Poillion de Hanon, ayant été chargé, pendant la cérémonie funèbre, de jeter quelques fleurs sur sa tombe, a rempli ce devoir avec tout l'accent de la sensibilité.

Après un court exorde sur le peu de temps qui lui a été donné pour parler des vertus du défunt, il s'est exprimé ainsi : « Militaire dès son jeune âge, le capitaine Favier n'a participé en rien aux dérèglements d'une trop longue révolution. Il s'est livré à son état, avec tout le caractère qui distingue le soldat français, et a parcouru sa carrière avec honneur ; il fut estimé de ses chefs dont il a toujours mérité la bienveillance, et aimé de ses camarades qu'il s'attacha par son caractère doux et liant.

« S'il n'est pas parvenu à un grade plus élevé que celui de capitaine, c'est au sort des armes qu'il faut l'attribuer : deux fois il fut prisonnier. Après dix ans de séjour en Angleterre, comme prisonnier, il ne dut sa liberté qu'au retour du Roi en France.

« Lorsqu'il apprit que le gouvernement légitime était rétabli dans sa patrie, il envoya, un des premiers, à l'ambassadeur de France, son serment de fidélité au Roi.

« Dans la suite, sa mise en activité, son entrée dans cette légion, et la décoration de l'ordre royal et militaire de Saint-Louis furent sa récompense.

« Ses principes et ses sentimens ne se démentirent jamais ; son amour pour le Roi fut sans borne, comme celui de toute la légion. »

Après avoir également tracé ses talens littéraires, ses vertus civiles et son attachement à son épouse M. Poillion de Hanon a terminé ainsi :

« Pleurons tous cet estimable camarade, et imitons-le dans la noble carrière qu'il a parcourue ! »

DISCOURS

Prononcé, le 29 Septembre 1791, par Gilbert FAVIER l'aîné, Volontaire, partant pour la défense des frontieres, au nom de ses Frères d'Armes, en repanse aux complimens que firent tous les Corps de Montluçon, aux Volontaires du district, au moment de leur départ. (1)

« Nous sommes on ne peu pas plus reconnoissant des preuves d'amitié que vous nous donnés en ce moment, puissent mes paroles suppléer à l'expression de nos cœurs; vous nous avez comblé de louanges, messieurs, eh! qu'avons-nous fait, que faisons-nous dans ce moment?

« Depuis quatorze siècles notre Etat gémissoit courbé sous les fers de la tyrannie, notre Empire étoit un immense cachot d'où nos antropophages ne nous tiroient, que pour sucer notre sang plus à leur aise. L'éclair de la liberté perce à travers les grilles de nos tombeaux. Nos chaines sont rompues, notre esclavage cesse, nos droits nous sont rendus; la plus

(1) Reproduction de l'original, imprimé à Moulins chez Etienne Vidalin, en 1791.

belle Constitution nous les assure, nous redevenons des hommes. A ce moment nos tyrans se montrent, leur rage se rallume, ils veulent nous forcer à reprendre nos fers. La patrie alarmée nous demande du secours, nous volons lui offrir nos bras, nous volons exterminer des monstres que l'enfer en courroux vomit sur la terre pour le malheur des peuples; nous allons nous défendre nous mêmes, nos parents, nos propriétés et vous nous loués: eh ! quel esclave qui ne l'est encore qu'injustement, courra reprendre ses chaines, s'il recouvre sa liberté.

« Félicitez-nous, messieurs, oui, félicitez-nous, du bonheur de servir la patrie ; mais nous ne recevrons jamais avec plaisir, des louanges que nous n'aurons pas mérité.

« Justes Ministres d'un Dieu de paix, Administrateurs éclairés, Juges incorruptibles, Municipaux chéris des peuples, braves Gardes nationaux à qui nous devons le courage qui nous anime, Membres des Clubs, propagateur du plus pur patriotisme, et vous tous, nos Pères, nos Parens, nos Frères, nos Amis, nos Concitoyens qui venez ici prouver votre amour pour la Patrie, nous lisons dans vos cœurs combien il vous coûte de ne pas venir avec nous. C'est vous, c'est vous qui méritez les titres de braves, de généreux défenseurs de la Patrie. Il est si désagréable de ne pas suivre son inclination ; mais la ville vous retient, vous ne pouvez la quitter, que feroient, sans vous, nos familles ! En vain vous voudriez nous le cacher, vous préféreriez notre bonheur, nous vous savons gré de ce sacrifice, nous vous en faisons nos remerciments. Quoi qu'éloignés de nous vous allez partager nos victoires ou nos dangers, nos plaisirs et nos peines. Vos cœurs nous suivront sur les frontières, nous serons toujours avec vous. Puisse votre esprit nous inspirer.

« C'est à vous que nous confions le soin de nos familles ; nous allons prouver à vos ennemis, qui sont les nôtres, les droits et le pouvoir d'un peuple libre. Si la mort met fin à notre carrière, loin de nous plaindre, nous remercirons le ciel de nous l'avoir procuré ; il est si doux de mourir pour sa Patrie.

« Si au contraire nous revenons triomphans, que de plaisirs nous aurons à partager vos transports !

« Nous allons vous représenter, vous ne nous verrez pas revenir, si nous ne sommes victorieux. S'il existoit un traitre parmi nous, qui se crut assez lâche pour tourner le dos à l'ennemi, qu'il quitte nos rangs, nous ne lui ferions point de quartier. Ce ne sera plus maintenant une guerre occasionnée par le désir d'une courtisanne, d'un ministre qui craint d'être disgracié ; c'est la défense de l'humanité qui nous met les armes à la main. Peut-être n'aurons-nous point de guerre, peut-être l'acceptation du Roi nous rendra le calme si désiré depuis longtems ; mais quelque chose qu'il arrive, je vous jure, pour les volontaires ici réunis, que nous mourrons avant que nos tyrans soient victorieux.

« Nous vous jurons, par nos sacrés drapeaux, l'emblème de notre liberté, par ces cocardes dont notre Municipalité vient de nous faire présent, et qui seront notre encouragement dans nos malheurs, par vous mêmes dont nous sommes les enfans, que nous vivrons où nous mourrons libres. »

NOMS DES VOLONTAIRES

COMPOSANT

LA COMPAGNIE DES GRENADIERS DU BATAILLON DE L'ALLIER

DIVISÉ EN DEUX PELOTONS ET QUATRE SECTIONS

Premier Peloton. Sergent : Favier le jeune.

Première Section : Ronchaud,caporal.

Gilbert Aymard.
Gilbert Grandjean.
Jean Guilhomet.
Jean Caze.
François Terasse.
Jean Raymond.
Barthelemy Raby.
Joseph Bost.
Blaise Caze.
Augustin Martin.
Belfond.
Roch Richard.
Claude Blanchard.

Seconde Section : Morand, caporal.

Claude Laprugne.
Claude Merite.
Jean-Georges Salneuve.
Govignon.
Charguerot.
Chomet.
Timmard.
Tavernier.
Rollat.
Legroing.
Portier.
L. Chardonnet.

Second Peloton. Sergent : Desbatisse.

Première Section : Durand, caporal.

Pierre Junier.
Antoine Salomon.
Larbaud.
Christophe Salneuve.

2

Antoine Coupprit.
Antoine Penot.
Rouffet.
Bourdier.
Gersant.
Hervier.
Darost.
François Blanchard.
Et. Raisin.

Seconde Section: Cornÿs, caporal.

Levesque.
Bernard.
Jean Pêtre.
Nicolas Gervois.
Péronnin.
Charles.
Joseph Vergne.
Michel fils.
Rousseau.
Demaÿ.
Faÿard.
Renaud.
La Vigne.

JOURNAL DE G.-A. FAVIER

Route que tiendra le bataillon des Gardes nationales du département de l'Allier pour se rendre à Epernay et Aï, villes de la ci-devante Champagne. Partira de Moulins le 16 au matin d'où il se rendra : le 16, à Saint-Pierre-le-Mouthier ; le 17, à Nevers ; le 18, à la Charité ; le 19, à Varzi ; le 20, à Coulanges, séjour le 21 ; le 22, à Auxerre ; le 23, à Saint-Florentin ; le 24, à Auxon et séjour le 25 ; le 26, à Troyes ; le 27, à Arcy-sur-Aube ; le 28, à Sommesous ; le 29, à Châlon-sur-Marne et le 30, séjour ; le 1er, à Epernay.

Départ de Moulins, le 16 novembre 1791.

— A Saint-Pierre-le-Mouthier, logé chez M. Sautheraud, curé de Saint-Pierre. Bien accueilli par les habitants qui nous ont reçus avec pompe et magnificence. La ville est assez jolie. Le sexe y est charmant. Nous fumes fort bien reçus par M. Ligné, receveur du district.

— A Nevers, chez mon cousin Ruffrai, fort bien reçu, soit par lui, soit par l'accueil que nous a fait le bataillon de la Nièvre en nous invitant à un magnifique dîner.

— A la Charité, logé chez un nommé le Duc, boulanger, assez mal reçu mais logé à merveille dans un superbe bâtiment à vingt pas de la Loire, dans une situation des plus belles. Fort mal reçu des habitants et obligé de payer fort cher dans les auberges.

— A Varzi, extrêmement fatigué par les mauvais chemins qu'il nous a fallut suivre. Logé chez un sieur Sellier, épicier, bon enfant et chez qui nous avons commencé gaiment à manger l'étape. La ville est petite, fort mal bâtie et située dans le creux des montagnes, ce qui nous a procuré de mauvais chemins de Varzi à

— Clamecy. Fort bien reçu par la Garde nationale et par les habitans, chez qui nous avons diné à leur grande invitation. Logé par billet chez M. Dupin, président des juges du District, et servi en vins de Chablis, Bourgogne, vins vieux, liqueurs, etc., et enfin invité à y retourner du lieu du séjour. La ville, sur une hauteur, est fort agréable et bien bâtie.

— A Coulanges, lieu de séjour, le bataillon a été divisé en plusieurs parties pour se rendre delà en différents endroits. Logé à Coulanges chez la veuve Bard, obligée comme les autres de nous nourrir, par leur non payement d'autres contributions, assez bien reçus quoique médiocrement. La ville est très vilaine, non pavée et par conséquent fort désagréable. La rivière de l'Yonne qui donne son nom au département fait vivre une grande partie de ses habitants par le commerce de bois flotté qui se rend à Paris en droite ligne.

— De Coulanges à Courson, bourg fort remarquable par une fameuse carrière de pierre blanche que l'on va scier jusqu'à deux lieues sous terre. Les maisons en sont toutes construites et presque généralement couvertes à paille.

— De Courson à Gy-l'Evêque, petit bourg fort désagréable et tout bati en pierre blanche.

— De Gy-l'Evêque à Auxerre, ville fort grande et assez jolie, il y a une fort belle cathédrale. Les maisons y sont construites de cette belle pierre de Courson. Nous y avons été très bien reçu par la Garde nationale, avec une magnifique musique et toutes les cérémonies militaires. Il y a une compagnie de sexagénaires, armée des pontons, coiffés à la Henri IV et revêtus d'une écharpe blanche. J'ai été logé chez un M. Paradis, chirurgien, assez bien reçu, beaucoup d'accueil mais fort peu d'effets.

— D'Auxerre, à Seignelay, petit bourg fort remarquable par un château superbe situé sur une éminence que l'on peut découvrir de trois lieues, environné d'un magnifique parc, avec un bois charmant aux environs, traversé par d'immenses allées. Il est tout bati en pierre blanche, ainsi que le bourg. Il appartient au ci-devant duc de Montmorency.

— De Seignelay à Brienon, ville assez grande, fermée par des portes de fer, son extérieur est fort montagneux, l'intérieur serait assez beau s'il y avait plus d'art dans la construction des maisons. Ses murs sont baignés par l'Yonne.

— De Brienon à Saint-Florentin, ville située sur une montagne assez jolie et dans une position charmante. J'ai été logé chez un meunier fort à l'aise, fort bien logé sur les bords de Larmançon, petite rivière assez considérable qui se jette dans l'Yonne. Ce meunier s'appelle Biron, il a un fils capitaine de la compagnie de Saint-Florentin partant pour les frontières, j'ai été assez bien reçu quoique médiocrement, mais on ne peut mieux logé.

— De Saint-Florentin à Auxon, ou les compagnies ont tiré au sort pour se rendre de là en différents hameaux, Auxon n'étant capable que de loger la compagnie des grenadiers.

L'endroit est fort désagréable et les chemins y sont affreux. J'ai été logé chez un nommé Nieps, chirurgien, chez qui nous avons été bien logés et ou nous avons pris l'étape.

— D'Auxon à Troyes, les chemins pour s'y rendre étaient dans le plus mauvais état possible, arrivé à Troyes, j'ai été logé chez un nommé François Blaize, vinaigrier, rue Dauphine, ou j'ai été fort bien reçu. La ville de Troyes est fort grande, toute bâtie en bois, le Mail qui entoure la ville est un morceau charmant. La cathédrale est fort grande et dans une structure assez jolie. Le marché aux bleds se tient dans une place immence, les fauxbourgs sont d'une grandeur énorme et très malpropres. La perspective en est riante mais l'abord est affreux par ses mauvais chemins.

— De Troyes à Sommessous, village assez considérable dont les toits, d'un coté, touchent la terre, je fus logé avec trois volontaires et un sergent chez un nommé Didié Ugnié, bon vieillard, fort honnête homme, qui avoit deux filles, nous y avons fait la gamelle, fort mal couché et ou sans être bien nous nous sommes fort divertis.

— De Sommessous à Chaalons j'ai été sur une voiture, où j'ai grandement souffert par l'excessif froid qui nous glaçoit, nous avons été reçu par le département de l'Indre qui y étoit en garnison et par celui du Cher qui y séjournoit. La ville sans être très considérable est assez jolie. La place de l'hôtel-de-ville est fort grande, la Marne se partage en plusieurs parties dans la ville. Il y a de jolies promenades hors de la ville, les avenues en sont fort gaies. Ce que l'on y distingue de plus remarquable c'est une magnifique cathédrale, dont l'intérieur est on ne peut mieux orné, l'évêché du département est situé à Rheims. La chambre du Conseil à l'hôtel de ville est encore un fort beau morceau. Le jour que nous avons séjourné il y eut une séance des amis de la Constitution présidée par M. Prieur, membre de l'Assemblée Constituante.

— De Chaalons à Courtisson, ou une compagnie du département de la Creuse qui y est en garnison, est venue nous reconnaître, de Courtisson à Jâlons, fort bourg sur la route de Chalons à Epernay, l'abord est charmant, les côtes qui l'avoisinent sont couvertes totalement de vignes, on apperçoit sur la route plusieurs petits villages, tels que Mareuil, Ay et plusieurs autres dont l'on tire les meilleurs vins de France. La ville d'Epernay n'est pas belle, ses habitans sont fort honnêtes, la société y est fort bien établi, les promenades sont jolies. J'ai logé chez une veuve nommée Dampmartin, où j'ai été fort bien reçu, j'y ai passé deux quinzaines. (Et tout le temps que je suis resté à Epernay).

Plusieurs ordres que reçut le bataillon de l'Allier.

— Route que tiendra le bataillon de l'Allier, en garnison à Epernay, pour se rendre à Metz, ville de la ci-devante Lorraine.

Partira d'Epernay le 18 avril 1792.

Reçu contre-ordre le 17 à 11 heures du soir, à cause de l'embarquement.

— Route que tiendra le bataillon de l'Allier, en garnison à Epernay, pour se rendre à Nantes ou il doit s'embarquer pour Saint-Domingue.

Partira d'Epernay le 5 mai 1792.

Reçu contre-ordre le 29 avril 1792 avec injonction au bataillon de rester à Epernay jusqu'à nouvel ordre.

— Reçu le 8 mai, à 8 heures du soir, ordre de par Mr de la Fayette, de partir d'Epernay le dix pour se rendre à son camp de Givet.

Partira d'Epernay le jeudi 10 mai et ira coucher à Rheims — de Reims à Rethel — de Rethel à Signy-l'Abbaye — de Signy à Rocroi — de Rocroy à Fumay — de Fumay à Givet, garnison.

Le bataillon a campé le 22 mai à Rancennes — le 4 juin à Philipeville — le 5 à Beaumont — le 6 à Lesfontaine — le 7 à Maubeuge.

Départ d'Epernay, le 10 mai 1792.

A Rheims, le 10, logé chez M. Létrinois, prêtre, invitation. La ville est une des plus belles de France, le portail de sa cathédrale est magnifique, ses promenades sont superbes, sa situation est assez belle. Comédie ou l'on a joué : Nina et le Jugement de Midas.

— De Rheims à Rethel. Ville assez considérable, logez chez M. Gourmeaux, juge, ou j'ai été fort bien traité avec invitation d'y retourner, le sexe est charmant. L'Aisne baigne les murs de la ville, il y a une tour immense de laquelle on découvre fort au loin.

— De Rethel à Signy-l'Abbaye, petit village très désagréable, quoique dans une assez jolie position, un couvent de Bénédictins est ce qu'il y a de plus remarquable. Logez chez la veuve Pierre Barthelemy, ou, si les moyens y eussent été, j'aurais été très bien reçu.

— De Signy à Rocroy, ville très petite et très forte. Les fortifications, quoique simples, sont sublimes, elles sont de Mr Vauban. Logé chez Pierre Lambert, chapelier, ou nous avons été reçu comme on peut l'être dans une ville de guerre avec le service militaire.

— De Rocroy à Fumay, petit bourg assez joli au bord de la Meuse, remarquable par ses ardoisières. L'église est charmante, le bourg est sur une colline et tout à coté des bois. Il n'y a pas une seule maison qui ne soit couverte en ardoises. Logé chez Thomas Pire, tailleur, ou j'ai été fort bien reçu.

— De Fumay à Givet, ville extrêmement fortifiée par le fort de Charlemont qui la domine, elle se divise en deux, le grand et le petit Givet. La Meuse traverse les deux. Le mont d'or qui l'avoisine, ainsi que Charlemont, le rendent imprenable. Le camp est près de Givet, à Rancennes. La ville, quoique petite, est assez gentille, la forteresse de Charlemont est un morceau superbe, tout auprès est le fort Condé.

Juin Le 22 mai à Rancennes jusqu'au 4 juin — le 4 juin à Philippeville — le 5 à Beaumont – le 6 à Lesfontaines — le 7 à Maubeuge — le onze alerte, départ de l'armée pour une lieue plus loin que Maubeuge. Le soir retour à Maubeuge. Mort de Mr Gouvion (62 morts des français) le 11 à 4 heures du matin, enterré le 12 à Maubeuge.

Départ de l'armée entière pour se rendre à Bavay ou elle a campée pendant quatre jours.

Départ à onze heures et demi du soir du camp de Bavay le 22 juin 1792, arrivée de l'armée le 23 à midi sur le terrein (occupé par l'avant-garde) ou Mr de Gouvion a été tué, départ à deux heures après-midi de cet endroit pour retourner à Maubeuge, ou nous avons changé de position de campement. Resté jusqu'au 3 juillet. Le 27 juin, l'avant garde fut attaquée, perte de 96 hommes, blessés ou prisonniers, pour l'ennemi.

Juillet Départ de l'armée entière le 4 juillet, arrivée le 4 à Avesnes, ville assez forte avec une jolie horloge. Campé sous ses murs le 4 et 5 ; départ le 6, arrivée à la Chapelle, petit village d'ou l'armée a été camper à côté de Nulsyfrotte jusqu'au 10, départ de l'armée par division : la 1re division est partie le neuf, la 2e le dix, la 3e, dont notre bataillon fait partie, le onze. Arrivé le 11 après beaucoup de chaleur et passé à Hirson, gros et joli bourg ; à Belven, village assez isolé sur une hauteur ou nous avons fait la fédération, ensemble la division au nombre de huit bataillons et un régiment de dragons, nous y avons resté jusqu'au 14. Le 15 passé à Maubeuge, Fontaine, et arrivé à Maringes, village ou nous avons été et bien campés et pourvus en abondance de toutes sortes de provisions ; parti le 16 pour Mézières, ou nous avons montés la garde pour empêcher d'entrer en ville. La ville est forte, Charleville est charmant, tout y abonde. Partis de Mézières le 17 d'où nous avons passé à Donchery, gros bourg ; nous avons été camper à Bazen à une lieu de Sedan, la ville fort belle, par ses draps elle est remarquable, ses maisons de campagne à l'entour sont charmantes, tout y abonde. Partis de Bazen le 18, arrivé au camp d'Ygnor, passé à Mouzon, petite ville, campé à Ygnor dans une plaine charmante ou tout manquait en provision d'agréments. Passé à Stenay le 19, ville assez vilaine, le sexe y est joli, rien n'y est remarquable. Partis le 20 juillet du camp Dignor, campé à Juvigné, près Montmédy, sur une hauteur à portée de deffence contre l'ennemi, partis le 21, passé dans Marville, petite ville très faible pour soutenir siège. Campé le 21 avec les premières et secondes divisions que nous avons rejoints sur les hauteurs de Flabville. La première ligne a été, avec l'armée de réserve, attaquer l'ennemi le 25 au matin ; à 4 heures du soir, la troisième division est partie de son côté pour attaquer d'une autre part, notre division est arrivée à dix heures du soir sur des hauteurs près Virton, ville impériale, ou elle a bivouaquée, le temps a été affreux jusqu'au lendemain 26.

L'on est partie de là pour aller attaquer ; l'ennemi a été rencontré à une lieue et demi. Les escarmouches ont été assez violentes jusqu'à l'arrivée du canon qui par ses coups redoublés a fait replier l'ennemi dans le bois ou il avait couvert plusieurs pièces de canons afin de nous surprendre, mais M[r] Le Veneur, Lieutenant-Général commandant la division, s'apercevant du piège, a fait retirer toute l'armée, laissant sur le champ de bataille environ 25 impériaux et un colonel, notre perte a consisté dans un seul homme, l'affaire a durée trois heures, nous avons été de là camper sur les hauteurs de Virton d'où nous avons décampé le lendemain 27 pour aller reprendre notre même position à Flabville. Partis de Flabville le 31 juillet à quatre heures du soir pour aller cantonner dans les villages circonvoisins, notre bataillon a été à Villy village sur la Chiers, logé chez Louis Bourgery, où tout étoit avec profusion, avec argent, ou nous sommes restés quatre jours.

Août Partis le 5 août pour aller camper devant Stenay avec trois divisions. Partis le 6 pour aller camper devant Mouzon au camp de Vaux, ou nous avons resté trois jours ; partis le neuf pour aller camper dans le camp retranché de Sédan, ou nous avons resté jusqu'au 14 ; partis le soir du 14 pour aller en quartier à Sedan, pour servir à la garde des commissaires envoyés par l'assemblée nationale pour instruire l'armée sur les événements du 10 août.

Le 15, Lafayette, de concert avec la municipalité, a fait prêter à ses troupes le serment d'être fidèle au Roi, suspendu par l'Assemblée Nationale. Le bataillon a refusé en partie ce serment, pour cause de son refus, il a été envoyé à Verdun le 17, sans aucun effet de campement. Nous avons resté, notre compagnie des Grenadiers, celle de des Vaisseaux, 1re de la Meurthe et de Dauphin jusqu'au 21. Lafayette a décampé avec Laumoy, Maubourg, Le Veneur, Sicard, etc., etc., dans la nuit du 18 au 19.

Le commandement de l'armée dévolue par intérim à M. Dangest, maréchal de camp, a été donné à M. Dumourier, lieutenant-général dans l'armée du Nord. Notre compagnie est partie du quartier de Sedan le 22, elle a été cantonner à Tétagne, petit village sur la Chiers à deux lieues de Mouzon et une de Carignan. Logé chez Hubin, maire, ancien serviteur, ou j'ai fort bien été.

Pendant notre séjour, la ville de Longwi a été prise par les Prussiens, du 20 au 21 la ville de Stenay a été aussi prise, celle de Verdun s'est aussi rendue le deux septembre à 6 heures du soir après 24 heures de bombardement.

Nous avons resté jusqu'au 31 août, nous sommes partis le 1er septembre, et avec une compagnie Septembre. du 54e régiment nous avons joint la légion de M. Striget, colonel des hussards de Bercheny. Resté deux heures à Mouzon d'ou nous avons été bivouaquer sur une hauteur à demi lieue de la ville. Partis le deux, ensemble toute la légion qui a été cantonner à la Besam à six lieues de Mouzon et une demi lieue de l'endroit ou était campé notre armée. Logé la compagnie chez de Courtray, dans une grange de garde. Partis delà le trois d'où nous avons passé à Stonne, la Berlière, Buzancy, gros bourg fort plaisant ou il y a un superbe château appartenant à un émigré où il se formait un bataillon, de là à Verpel et de là à St-Juvin, petit village où la légion a été cantonnée dans le même ordre. Logé chez Poulain. La moitié de la compagnie de bivouaquer journellement. Partis le 5 de St-Juvin à sept heures du soir avec seize hussards de Bercheny pour aller cantonner à Apremont, petit village sur l'Aire ; nous y avons resté jusqu'au 8 septembre. Les six et sept ont été des jours d'alertes, à voir même l'ennemi sans en venir à quelque expédition. Logé chez Mr de Solac, émigré, son château a été mis au pillage par des soldats de Condé arrivés le 7 au soir. Des Prussiens arrivés en nombre le 8, nous ont obligé de battre en retraite sur St-Juvin, en gagnant les hauteurs. Rentrés le 8 à St-Juvin nous y avons resté jusqu'au 12, bivouaquant alternativement. Le 12, l'ennemi s'est emparé, par une vive canonnade, du poste de la Croix aux Bois, la légion s'y est transportée aussitôt et a bivouaqué jusqu'au 13, par la pluie. Le 14, la canonnade a recommencé et après une canonnade assaisonnée de mousqueterie de plusieurs heures, le poste a été emporté par nos troupes. Le prince de Ligne, Charles, y a été tué avec près de 500 des siens, nous y avons perdus près de 200 hommes. Partis le 15 du bivouac, à deux heures du matin, nous avons protégé la retraite de la légion auprès de deux pièces de huit. Nous n'avions pas reformé l'arrière garde de l'armée, qu'au sortir de grands'prés, la queue de la légion a été attaquée par 1500 Prussiens hussards, la déroute occasionnée par quelque malveillant a failli déconcerter l'armée, nous n'avons perdu personne le matin, mais sur les quatre heures du soir, à Hauteriex, nous avons derechef été attaqués, ces mêmes moyens de dérouter l'armée ont été employés que le matin, nous avons perdu près de 200 hommes, beaucoup de tentes, équipages, effets, etc. L'armée a bivouaqué du 15 au 16 à Courlemont, de là, partis le 16, nous avons été joindre le gros de l'armée, nous avons rejoint notre bataillon, nous avons été cantonnés le 16 à la Neuville au pont. Restés jusqu'au 18, partis le 19 d'ou nous avons été bivouaquer sur les hauteurs. Logé à la Neuville chez Nicolas Petit, officier municipal. Le 20 l'armée a été vivement attaquée, la canonnade ou bombardement ont duré 14 heures, nous avons perdu environ 400 hommes, on ne peut savoir leur perte ; retourner coucher le 20 soir à la Neuville. Partis le 21 pour aller bivouaquer au même endroit ou nous avons resté jusqu'au 25.

Bataille de Valmy

Nous avons manqué de pain pendant trois jours, les 21, 22, 23, le 24 nous avons eu une légère attaque, d'assez près. Le 25 nous avons descendu une demi-lieue plus loin pour aller bivouaquer ; il s'est ouvert une suspension d'armes qui a duré jusqu'au 29, l'on a même parlé de paix avec la Prusse, mais les coups de la déchéance de la Royauté ont tout détourné.

Nous avons été le 26 cantonner à Mouemont à une lieue de la Neuville, les Prussiens ont été dans la plus grande disette, ils nous ont payé le pain dix sous la livre. Partis de Mouemont le 29 à midi pour aller à la Chalade, petit village entouré de bois, logé chez Jean Gibaud. Le poste que nous avons occupé au delà des bois, au nombre de deux cent étoit proche l'ennemi, une patrouille a fait capture pendant notre

Octobre

séjour de trois vivandiers, tout y manquait, hors l'eau de vie à un prix excessif. Partis de la Chalade le 7, arrivés à Condé le 7, repartis de Condé à deux heures pour aller cantonner à Veaux-sur-Ayre. Logé chez Renaudin, tout manquait, les Prussiens y ayant passé. Partis de Veaux le 10 pour aller à Chêtre près Vouziers, les chemins étoient dans le plus mauvais état possible, les routes étant méconnaissables par rapport au grand nombre de voitures des deux armées qui y avoient passé. Logé chez une vieille nommé Bedouillat. Partis de Chêtre le 11 pour aller au Chêne Populeux, partis du Chêne le même jour ou nous avons reçu des ordres pour aller cantonner à Montgond. Logé avec l'état major dans le château de Missimé, appartenant à MM. de Noinville, émigrés; huit jours auparavant, les parisiens passant aux environs, excités par les paysans de la municipalité, y sont allé et y ont cassé, brisé tout ce qui s'est trouvé sous leurs mains. Partis de Missimé le 14 pour se rendre à Mézières, accablés par la fièvre, suite de toutes les fatigues, nous avons eu des voitures pour nous conduire à Mézières, nous avons couché le 14 à Bouvelemont, à deux lieues du Chêne, partis le 15 de Bouvelemont, passé à Poix, ou le bataillon devait coucher, arrivés à Mézières le 15 soir, l'armée composée de 20.000 hommes commandée par Bournonville, est partie sur deux colonnes pour se rendre dans la Flandre.

Ne pouvant trouver de place à l'hôpital militaire de Mézières, je suis parti le 16 après midi pour me rendre à Rheims, couché le 16 au soir, avec le petit Dufour qui est venu avec moi, à Launois à quatre

lieues de Rethel, partis de Launois le 17, passé à Rethel d'ou nous avons été coucher à Isle, par le moyen de voitures de renvoi que nous avions rencontré le 18. Partis le 19 de Isle pour aller à Rheims, entré à l'hôpital militaire établi aux Capucins, le 19 octobre 1792, j'y suis resté jusqu'au trois novembre. Novembre
Sorti des Capucins, hôpital destiné pour les galeux et invalides seulement, nous avons été évacués pour St-Rémy la cathédrale. Entré le 3 à St-Rémy, sorti le neuf novembre.

Pendant le temps que j'ai été à Rheims j'ai vu jouer, la première fois : *Euphrosyne*, tragédie, et *Nina*, une autre fois, seule à cause de sa longueur, *Lodoyska*.

Partit le 10, de Rheims, j'ai été logé à Cormicy, le 11 j'ai été coucher à Laon, logé chez Rousseaux. Parti le 12 de Laon, j'ai été passer à Crécy, poussé jusqu'à Lagery, village près Guise, logé chez le maire, fort mal. Parti le 14 de Lagery pour se rendre à Guise, rencontré là mon frère qui revenait de Laon ou il avait été malade pendant quinze jours. Logé à Guise chez Mr Boufiet, inspecteur des douanes, qui nous a traité, connaissant tous nos païs.

Parti le 15 de Guise, ou nous avons été avec un officier d'artillerie, qui était avec Favier, ayant quitté le petit Dufour et Rovillier qui m'avait toujours suivi, nous nous arrêtons à un fort village pour diner, parti de là pour aller coucher à Landrecy, fort jolie petite place de guerre. Logé chez Mesdames Lagarde dont j'ai été fort bien reçu ; les réjouissances qui ont été faites à Landrecies le onze qui étoit ducasse, furent assez belles.

Parti de Landrecy le 12 à 8 heures, arriver au Quesnoy pour diner, logé chez Mr Stendort, ou caffé, bière m'ont été donné, après nous avons très bien diné avec les autres sous-officiers.

Parti à trois heures du Quesnoy pour se rendre à Valenciennes désirant y arriver bien vite, logé chez Leclerc, tanneur. Nous fumes, malgré notre grande fatigue de route, après avoir extrêmement bien diné dans Valenciennes, à la Comédie ou l'on jouait : *Democrite* et *Rose et Colas* ; absolument exténué de lassitude, j'eus de la peine à trouver mon logement, cependant le lendemain me trouvant un peu mieux je prends la route de Quievrain jusqu'à Bassu à pieds et là je trouve des voituriers qui me conduisent, sans n'avoir pris qu'une tasse de caffé le matin à Valenciennes, jusqu'à Mons. Logé le 13, avec permis chez les Dames du chapitre, très mal. Parti le 15 pour l'hôpital à Mons.

Janvier 1793 Partit de l'hôpital de Mons le 2 janvier 1793, logé fort mal à une lieue près de Valenciennes, arrivé le 3 à Valenciennes, logé militairement.

Resté le 4 à Valenciennes, comedie ou il fut joué : *Le Sourd ou l'Auberge pleine*, *l'Aristocrate vaincu* et *La Fraude et la Liberté*.

Parti le cinq avec une voiture que j'ai obtenue du chirurgien major de l'hôpital de St-Jean, dans la diligence de Douai pour Bouchain, logé on ne peut mieux chez Mr Duponchel, entré le même soir à Février l'hôpital de Bouchain, sortit de l'hôpital le 6 février 1793, parti le 6 pour Cambray avec la voiture de Louvrais, logé à Cambray aux casernes. La ville très grande est fort jolie, parti de Cambray le 7, arrivé à Péronne dans des caissons, logé chez Godefroi, laitier. La ville est forte mais petite, parti le 8 pour Roÿe, logé chez Misson, aubergiste, la ville vilaine.

Parti de Roÿe le 9, arrivé à Gournay, rencontré une voiture d'hazard qui nous a conduit à Senlis en franchissant Pont Saint-Maxence, logé à Senlis à l'auberge. Partit le 10 par une autre occasion qui m'a conduit jusqu'à la Vilette près Paris.

Rendus le 11 à Paris. Spectacle de la rue Faydeau : *La papesse Jeanne*, *l'Officier parvenu* et *La Journée dérangée*. Logé dans la rue de la Cossonnerie près la halle. Le 12, Opéra : *Les Prétendus* et *Psichée*. Le 13 Février au théâtre du cirque du Palais-Royal : *Le Fat en bonne fortune*, suivi de *La Révolte des Nègres*.

Parti de Paris le 17 au matin dans un carosse à raison de six livres pour me rendre à Fontainebleau, jolie petite ville avec de superbes promenades ; logé chez Eude, bourgeois, assez bien reçu quoique médiocrement.

Parti de Fontainebleau le 18, arrivé à Nemours, entré le même jour à l'hôpital.

Sorti de l'hôpital de Nemours le 26, parti le 27, arrivé à Montargis ou logé chez le citoyen Pougin, j'ai été fort bien reçu quoiqu'en son absence ce jour.

Le 28, nous avons été voir les manufactures de Buges ou l'on fabrique du papier ainsi que celle de Langlée, de là nous sommes transportés au château, ou le citoyen Latouche et Cie a fait construire une mécanique dont la rareté produit l'admiration de tous les passagers, c'est une filature de coton qui fournit aux manufactures de Rouen.

Parti de Montargis, lieu fort agréable, le 29, arrivé à Nogent-sur-Vernisson sur les midi, petit village d'étape pour me rendre à Gien, où j'ai logé par billet à l'auberge, où j'ai été assez bien reçu.

Mars

Parti de Gien, ville assez désagréable, le 1er mars, d'où j'ai été à Bonny-sur-Loire, bourg d'étape assez considérable et très bien bâti.

Parti de Bonny le même jour, pour me rendre à Cosne-sur-Loire, logé assez bien chez un notaire. Parti de Cosne le 2 mars, d'où j'ai été à La Charité, parti le même jour de la Charité pour me rendre à Nevers. Arrivé à Nevers le 3 mars ou j'ai resté jusqu'au neuf mars à la campagne chez Mr Ruffray mon parent. Arrivé le 9 à Saint-Pierre-le-Moûtier, d'ou je suis parti le 10 pour me rendre à Moulins ou j'ai resté jusqu'au 12. Parti le 13 pour Montmarault. Couché au Montet aux Moines le 13 et arrivé le 14 à Montmarault ou, reçu chez Hennequin (1), je logeai jusqu'au lendemain, faute de voiture.

Parti le 15 de Montmarault pour arriver le même jour à Montluçon.

Mai 1793

Parti de Montluçon le 17 mai 1793 pour aller joindre mon bataillon en garnison à Lille en Flandre.

Passé à Montmaraud, Moulins, ou j'ai resté cinq jours, Nevers, la Charité sur Loire, Cosne, séjour ; Bony, Nogent sur Vernisson, Montargis, Nemours,

(1) Devint le général Hennequin, dont la sœur, Mme Allier, fut la mère de notre célèbre compatriote Achille Allier.

Fontainebleau, Paris où arrivé le 27 mai, je suis resté jusqu'au 2 juillet.

Parti le 2 de Paris pour aller coucher à Pont Saint Maxence, le 3 juillet à Gournay, le 4 à Roye, le 5 à Péronne, le 6 à Cambray, le 7 à Douay, le 8 à Lille, le 9 j'ai été coucher au camp de la Magdelaine, de la Magdelaine au village de Flers, de Flers à Annapes.

Le 26 frimaire, il s'est passé à Villia... une affaire, qui, quoique très peu de chose, n'a pas cessé d'être sensible à la compagnie.

Emmalgamé le 1er janvier 1794, en conformité du décret de la Convention du 21 février 1793 avec le 2me bataillon de la Marche et le 7me du Pas-de-Calais.

Partis d'Annapes le 14 pluviose pour se rendre à Lille. Logé au quartier Saint-Maurice. Partis de Lille le 22 ventose pour aller cantonner dans le village de Flers, le 1er bataillon et le 2me à Flers et le 3me à Annapes. Restés jusqu'au 12 germinal, d'où nous avons été camper au camp de Flers.

Le camp composé de six mille hommes a été augmenté de notre demi-brigade, ce qui formoit neuf mille hommes.

CONTROLE

DE LA

COMPAGNIE DES GRENADIERS

du 20 juillet 1793.

Durand, sergent-major.	Legroing, caporal.
Favier } sergents.	Belfond id.
Salneuve } sergents.	Charles id.
Cornil, fourrier.	Salneuve jeune, caporal.

Grenadiers

Enigne.	Rigolet.	Trimouillot.
Caze.	Bareize.	Dechaud.
Grandjean.	Gaultier.	Forichon.
Morel.	François.	Collet.
Oridard.	Deschamps.	Brazet.
Dehatte.	Berard.	Grand.
Cauvin aîné.	Toufflet.	Bernaud.
Terrasse.	G. Bernard.	Gagnepain.
Salomon.	Lecomet.	Baraud.
Terrier.	Lemaire.	Amond.
Barbant.	Fayard.	D'Arost.
Roufet.	Petré.	Dubois.
Jumier.	Bourgeon.	Maniver.
Coupprit.	Perronin.	Cauvin jeune.
...bre.	Levesque.	Bartet } tambours
Dijon.	Ant. Bernard.	Lefèvre } tambours
Charguerot.	Pametier.	
Stoupplet.	Gouby.	

LETTRES DE GILBERT FAVIER

Adresse : A Madame La Veuve Favier
Rue des Forges, à Montluçon, Dép[t] de l'Allier.

Au camp de Rancennes, près Givet, à dix heures du soir, le 3 juin 1792, l'an 4 de la liberté (1).

Ma chère maman, j'ai reçu les 100[l] en assignats que vous m'avez envoïé par Martin, il est arrivé hier. Je me disposois à vous répondre demain, mais dans le moment nous recevons l'ordre de décamper à quatre heures du matin, aussi me pressé-je de vous écrire dans ma tente, sur mon lit de paille ; ne soïez pas étonné si j'écris mal, au camp il s'en faut du tout que nous aïons nos aisances. Georgeon, Favières et moi, nous n'avons qu'une tente d'officier pour nous trois. Vous me faites le plus grand tort en ne m'envoïant pas de cheval, vous m'exposez à perdre une grande partie de mon bagage. Mon porte manteau suivra l'armée et je serai bien heureux, n'ayant point de chevaux ni de domestique à moi, si je le retrouve. Quoiqu'il en soit tout le camp de Rancennes où nous sommes, qui dans ce moment-ci est composé d'en-

(1) Il ne faut pas confondre les années de la Liberté avec l'Ere républicaine, qui commença seulement le 22 septembre 1792.

viron 18 mille hommes, sans compter trois mille hommes de cavalerie qui sont cantonnés à un quart de lieue de nous et qui nous joindront, environ 25 compagnies de grenadiers de troupes dont les corps sont encore beaux à l'intérieur et l'avant garde de 4000 hommes, commandée par Mr de Gouvion, ce qui en tout peut nous faire une armé de 27 à 30 mille hommes, partira dans quatre ou cinq heures pour je ne scais ou ; je pense comme tous mes camarades que demain au soir nous ne serons pas loin de Namur. Nous devons prendre à trois quarts de lieues d'ici la grosse artillerie ; on a donné aux volontaires le pain pour trois jours, demain, j'espère que nous coucherons au bivouac, car Mr Lafayette fait recommander d'emporter les couvertures. Notre bataillon marchera dans la route, le second en tête, après le régiment de ligne Royal Vaisseaux. Nous ne sommes pas encore forts pour le service en comparaison des troupes de ligne, mais néanmoins nous commençons à faire le coup de fusil.

On parle de l'attaque de Namur, j'espère que nous y serons. Ma première lettre vous apprendra sans doute quelqu'affaire intéressante, mais dans ce moment nous ne scavons rien de positif, il n'y a que les généraux qui scavent où, quand et contre qui nous serons emploïés.

Je ne vous parlerai pas de l'affaire de Philippeville qui s'est passé presqu'a côté de nous, les journeaux vous l'aurons sans doute apprise. Ce qu'il y a de certain, c'est que l'avant garde de notre camp, loin d'être défaite par un corp d'ennemis doublement plus fort, l'a repoussé avec avantage.

Nous sommes tous en bonne santé, Mr Georgeon vous prie de faire dire à sa sœur qu'il a reçu de ses nouvelles par Martin, Bouillaud de même. Ragonnière (1), se porte aussi très bien, ne soyez pas inquiète de lui ni de moi. Si deux frères ne se rendoient pas service, de qui devroit-on en attendre, je lui ai remis la moitié de la somme que vous m'avez envoïé, il a un grade qui le met dans le cas de se tirer d'affaire mieux que moi, car il n'y a que les campagnes qui ruinent les officiers.

A Dieu, portez vous bien, adressez vos lettres à Givet parce qu'on nous les fera tenir où nous serons. Je vais essaïer de dormir un moment, car dans deux heures il faudra être sur pied. Je commence à bien dormir sur la paille, les premiers jours j'ai eu des douleurs dans les bras et les jambes, mais on se fait à tout. Si vous pouvez m'envoïer de l'argent, vous me ferez plaisir, car je n'en ai jamais eu plus besoin que dans cet instant, et surtout de numéraire, car chez l'ennemi en temps de guerre nos assignats ne valent rien. Derechef, ne craignez rien pour nous, soïez tranquille, je peux vous assurer que nous partons avec bien de la joie pour aller voir ces esclaves autrichiens.

Je suis votre fils FAVIER l'ainé

Off. du b. des vol. de l'Allier.

Si vous voïez comme vos volontaires sont chargés, ils sont obligés, outre leur havre-sac, de porter les marmites, les bidons, les pelles, les pioches, etc., etc., et leur pain.

(1) Son frère, Amable Favier, portait le nom de Ragonnière, qui était celui d'un domaine appartenant à leur mère ; il se trouve dans la commune du Brethon (Allier).

A quatre heures du matin. Nous partons, il fait un froid terrible. Il est étonnant qu'au mois de juin on sente dans ce pays un froid si rigoureux.

Au camp de Fiers-le-Grand, pres Maubeuge.

Le 8 juin 1792, l'an 4 de la Liberté.

Ma chère Maman,

Je croïais en vous écrivant ma dernière lettre au moment de notre départ du camp de Rancennes, partir pour le siège de Namur, je m'étois trompé, mais cela n'est pas étonnant, le dessein des généraux n'est pas pour la seule prise d'une ville, d'exposer beaucoup de monde, c'est ce qui fait qu'on n'a pas encore pensé au siège de Namur, le château de Namur est assez fort pour arrêter quelque temps. Il nous paroit presque certain, et c'est la pensée de tous les gens qui scavent un peu conjecturer, que les commencements de la guerre actuelle se feront en voltigeant.

Le 4 juin, nous partimes du camp de Givet, nous allames camper, le soir une demi lieue audessus de Philippeville, sur les terres de Liège. Le lendemain nous allames camper auprès de Beaumont, gros bourg appartenant à l'Empereur, le 6 nous couchâmes au camp des Trois fontaines, sur les terres françoises, et le 7 en cotoïant toujours les terres françoises, nous sommes venu prendre la place de 4000 homme de Mr Lucner à Fiers le Grand à un quart de lieue de Maubeuge. Dans trois jours comme vous voïez nous avons campé sur les terres de trois différents pays.

Jamais je n'avois encore voïagé en si bonne et si nombreuse compagnie. Dans toute cette petite route nous avons pris les plus grandes précautions, craignant avec raison d'être attaqués en passant sur les terres ennemies, ou si près d'elles, mais les bravaches hulans n'ont pas eu assez de courage, nous avons pourtant été sur le point d'éprouver une perte considérable, un espion, dont l'on croïait être sur, servant de guide à l'armée, conduisoit notre avant garde, (ou étoit mon frère parceque son sergent major portant le drapeau du bataillon, c'est lui qui va en avant marquer ou tracer le logement de notre compagnie des grenadiers) composée d'environ 15 à 1600 hommes devant l'embouchure de vingt deux pièces de canon chargées à mitraille que l'ennemi avoit placés près de nous pour nous écharper, l'espion y conduisant par des détours qu'on ne connoissoit pas, notre bonheur a voulu qu'un curé en avertit assez à temps pour l'éviter. L'armée a fait détours à gauche au travers les champs, et nous n'avons éprouvé aucune perte. Il y a eu néanmoins quelques petites escarmouches entre une partie de notre cavalerie légère et quelques escadrons ennemis ; mais ces affaires sont de si peu d'importance qu'on n'en parle presque pas. Il arriva hier un petit malheur à notre avant garde. Un volontaire du 1er bataillon de la Marne s'amusant à raccommoder la pierre de son fusil, le fit partir et perça de part en part la cuisse d'un fourrier du régiment de Deux-Ponts. On va faire des couvre-platines, moïens necessaires pour remédier à de semblables accidens, qui pourroient arriver souvent.

Nous sommes maintenant très près de Mons ou je

crois que commencera la première attaque des françois. Toute l'armée de M. Lucner n'est qu'a six ou sept lieues de nous ; conduits par Lafayette et par lui nous sommes sur de la victoire. Ce qui me donne aussi les plus belles espérances, tous les soldats de ligne paroissent très bons patriotes, depuis environs un mois que nous nous trouvons avec dix régiments d'infanterie et plusieurs de cavalerie, nous n'avons pas ouï parler de la moindre dispute entre les volontaires nationaux et les soldats de ligne. L'armée de Mr Lafayette est très disciplinée, bonheur que n'a pas Mr Lucner, raison pour laquelle notre heros des deux mondes, ne veux pas que son armée ait aucune communication avec celle du Nord. Cette insubordination cependant ne peut pas durer longtemps. Les hommes qui païoient pour la provoquer, pour la faire naitre, nous ont fait le plaisir, à tous les bons françois, de nous quitter, puissent tous ceux qui leur ressemblent suivre leur exemple et ne plus troubler notre repos.

Depuis le temps que nous campons nous n'avons pas encore eu une belle journée, dans le département des Ardennes nous nous gelions de froid, le païs de Givet et environs est il est vrai très montueux mais, au mois de juin on commence à sentir la chaleur sur les montagnes; arrivés dans le dép[t] du Nord depuis hier, nous avons éprouvé tous les désagrémens d'une pluie continuelle, nous étions mouillés jusqu'aux os, obligés d'attendre encore nos tentes pendant trois heures, au milieu des champs à un quart de lieue de Maubeuge sans pouvoir y entrer, parceque le général l'avoit deffendu, nous n'étions pas agréablement, mais nous sommes jeunes, la fatigue n'est rien, nous ne craignons pas les dangers ni les injures de l'air.

Les lâches autrichiens ne nous feront jamais peur. Il faut que nos ennemis soient bien timides ou bien peu nombreux ; pendant toute notre marche nous n'avons pas été du tout inquiétés, ils auroient bien pu cependant gêner la colonne de nos bagages ; j'y étoit de garde, je croïois bien que nous aurions le plaisir de leur rendre le salut.

Je pense que nous ne tarderons pas à décamper pour nous avancer sur les terres ennemies, et faire de concert avec Mr Lucner le siège de Mons, je vous écrirai les détails que je scaurai. Nous sommes dans un superbe païs, il nous le paroit d'autant plus que Rancennes étoit situé au milieu des montagnes. Une bonne vache ici, donne par jour 24 à 30 bouteilles de lait. Oh ! que la guerre détruit de beaux bleds, chez l'ennemi on ravage tout.

Je suis votre fils : FAVIER, l'ainé.

P. S. — Des complimens à nos vignerons, remerciez pour moi Mr Baptiste Duchet de la peine qu'il a pris pour m'avoir un cheval. Je suis charmé que ma mère soit du nombre des dames qui demandent à servir les malades et les malheureux de mon païs. On a fait trop tard des billets de confiance chez vous.

Au camp de Maubeuge,

Juin, l'an 4e de la liberté.

Ma chère Maman,

Nous commençons enfin à respirer, depuis dix

jours nous avons éprouvé toutes les incommodités du temps le plus affreux, une pluie continuelle poussée par le vent le plus vif, nous avoit mis dans l'eau jusqu'aux genoux, malgré l'impermeabilité de nos tentes. Voilà graces à Dieu, que nous appellions bien aristocrate, une belle journée que celle d'aujourd'hui, j'en profite pour vous écrire.

Le 11, à trois heures du matin, il y eut une affaire entre l'ennemi et notre avant garde, commandé par Mr de Gouvion, qui étoit éloigné d'une lieue de nous. Cette affaire est la plus sanglante que nous aïons encore eue cette année. Mons n'est qu'a quatre lieues de nous, les impériaux ont sous les canons de Mons, trois camps assez bien retranchés.

Le onze, notre conseil s'assembla, tous les généraux étoient d'avis d'aller forcer les postes avancés de l'ennemi, malgré les désagréments du plus mauvais temps. Le pauvre Mr de Gouvion fut le seul qui s'y opposa. Comme il étoit le mentor de Mr Lafayette, son ami et un des plus considérés de l'armée, il fut écouté et empêcha même qu'on ne renforça son avant garde de 5.000 hommes, elle étoit déjà composé d'environ 4.000. Les Autrichiens nous prévinrent au nombre d'environ douze mille hommes, ils partirent à dix heures du soir de leurs retranchemens et l'attaquerent à trois heures du matin, Mr Gouvion étoit sur ses gardes ayant déjà repoussé deux fois l'ennemi avec ses seules forces, il ne voulait pas demander de secours. L'avant garde soutint tous les efforts de l'ennemi avec le plus grand courage; mais il fallut battre en retraite, les forces des Autrichiens étant triples. Il faisoit un si gros temps, le vent étoit si contraire de notre côté que nous ne pûmes entendre le canon et porter secours à notre avant garde.

Le bataillon de la Côte d'Or trop vaillant, ou plutot trop téméraire, ne suivit pas assez vite l'ordre de la retraite, de sorte que le canon de l'ennemi l'abyma, nous n'avions cependant éprouvé aucun malheur jusqu'alors, le petit corps d'armée de Mr Gouvion se retiroit dans le plus bel ordre, ayant tué à l'ennemi le triple d'hommes qu'il pouvoit avoir perdu, un seul caisson d'artillerie restoit à sauver, Mr Gouvion le fait défiler devant lui presque en présence de l'ennemi, à ce moment un canon parti, son boulet tue le General et son cheval, une balle lui traverse la tête, le boulet lui passe au travers du corps et une autre balle lui casse en même temps une cuisse. Le bataillon dont je vous ai parlé plus haut fut alors abymé par l'ennemi. En ce moment l'alarme se répand dans notre camp, on bat la générale, nous partons tous pour aller au secours de nos camarades, nous volons malgré la ténacité des chemins, nous y entrions jusqu'a la ceinture, nous arrivons près du champ de bataille, mais hélas l'ennemi avoit disparu, nous ne pûmes le poursuivre il étoit déjà près de Mons. Nous fusmes obligés de rentrer tristement dans notre camp après avoir fait trois lieues inutilement. Le seul bataillon de la Côte d'Or a perdu à cette affaire 52 volontaires de tués, dix sous-officiers et neuf officiers, il y a eu aussi une trentaine de blessés, un des colonels de ce bataillon a été tué, c'est une perte, il étoit un des meilleurs officiers de volontaires, l'autre a été fait prisonnier. Nous avons perdu avec eux environ vingt autres soldats ou officiers des troupes de lignes, ce qui fait en tout une perte d'environ cent hommes tués et une cinquantaine de blessés, on nous assure que l'ennemi a perdu au moins 5 à 600 hommes. Les impériaux ont le soin, pour empêcher qu'on ne connoisse leur perte, d'amener avec eux plusieurs voitures afin d'emporter leurs morts ; ils craignent qu'on ne reconnoisse les émigrans françois qui composent une grande partie de leur armée, nous sommes surs qu'il y en a beaucoup, nous avons trouvé au nombre des morts deux ennemis qui avoient des barbes et cheveux postiches, ce sont sans doute des françois. Cette affaire eut été pour nous la plus heureuse possible si nous n'avions pas eu le malheur de ne pas être avertis assez tot : deux heures plus tôt nous les renfermions comme dans une souricière. On a enterré avant hier Mr de Gouvion à Maubeuge, c'est une perte très intéressante, il étoit le plus patriote de l'armée, qui le regrettera longtemps, nous brulons tous du désir de le venger, ce qui je pense ne tardera pas ; il avoit été le père de Lafayette dans l'Amérique, et notre général regrette trop son ami pour ne pas faire païer très cher sa mort à l'empire, en l'apprenant il jura bien de la venger.

Nous nous attendons à tout instant à décamper, Mr Lucner a avant hier battu un parti de l'ennemi, on le disoit dans Tournay, ce qui a fait que j'ai retardé l'envoi de ma lettre, mais cette nouvelle n'est pas encore confirmé.

Nous nous portons tous très bien, je dors maintenant sur la paille, et souvent dehors lorsque je suis de garde, comme si j'y étois accoutumé dès l'enfance. Je viens de voir Pinthon, il est commissaires des guerres, comme les nouveaux parvenus il parle à peine à ses païs.

Je suis votre fils : FAVIER l'ainé.

P. S. — Ecrivez moi aussitôt ma lettre reçu, pour que je sache si vous recevez mes lettres. Ces jours derniers votre cheval étoit mieux logé, mieux couché que nous. Mes complimens aux mêmes personnes que je salue ordinairement. Ragonnière et tous nos volontaires jusqu'a présent se portent bien, je dis jusqu'a présent parcequ'il ne faut actuellement qu'un instant pour cesser d'exister.

Mr FAVIER, l'aîné,

Officier du bataillon de l'Allier à l'armée du Centre commandée par le général Lafayette.

Au camp retranché de Maubeuge

Le 29 juin 1792. L'an 4e de la liberté.

Ma chère maman,

Je suis bien content si comme vous le dites, la répétition de mes lettres vous fait beaucoup de plaisir, je ne vous annoncerai jamais que des nouvelles certaines, vous pouvez en être persuadée. Cependant dans les lieux même de l'action demandez-en le rapport à vingt individus, peu la raconteront de la même manière. Vous faites lire mes lettres à plusieurs personnes, songez maman, que dans mes récits je ne mets point d'art, que nos travaux, notre logement, le mauvais temps, la générale quelque fois, peut empêcher l'ordre dans mes ecrits, mais on pardonnera sans doutte à la bonne volonté d'un compatriote qui donneroit sa vie pour être utile à ses concitoïens, pour la deffense desquels il a quitté ses foïers, les petites fautes de negligence faciles à commettre.

Notre armée s'étoit avancée le 18 à un quart de lieue de Bavay, petite ville françoise, à quatre lieues de Valenciennes. L'ennemi a fait des horreurs dans cette ville et dans tous les villages voisins. Nous y cernions avec dessein l'armée ennemie qui n'étoit qu'à une petite lieue de nous, lorsque nous apprimes la prise de Courtray par l'avant garde du maréchal Lucner, il y avoit dedans 900 hommes de garnison impériale qui se sauvèrent à la faveur de la nuit. La prise de cette ville, quoique ce ne soit pas une forte place peut grandement gêner l'ennemi dans ses communications du Braban avec la Flandre.

Deux officiers du régiment le plus voisin de nous au camp, avec lequel nous formons une brigade, alloient se promener à un quart de lieue de notre camp, pour examiner la plaine de Malplaquet ou se donna cette fameuse bataille qui fit périr Malboroug et tant de milliers d'hommes, une patrouille de houlans les fit prisonniers. Le 23 nous décampames. D'après les apparences nous croïons bien tous attaquer ce jour là l'ennemi ; mais au moment ou nous n'étions plus qu'à une lieue et demie de lui, près de Mons, le général nous fit reprendre le chemin du camp de Maubeuge après avoir été 17 heures en route ou sous les armes, sans pouvoir nous reposer plus d'une demi-heure. Je ne scai si nous avons dans notre sein même des traitres, mais il paroit que l'ennemi connoit tous nos mouvemens, nous les déjouerons. Avant hier l'ennemi a sans doute ete la dupe de ses espions car notre cavalerie l'a étrillé à brule pourpoint sans perte.

La réserve de notre armée, composée de 36 compagnies de grenadiers et trois régimens de cavalerie, étoit campée à côté de notre avant garde,elle revint derrière les murs de Maubeuge. L'ennemi crut que l'avant garde avait décampé toute entière, 1200 hommes de sa cavalerie vinrent attaquer l'arrière garde de la réserve, elle étoit déjà partie, mais un régiment de cavalerie qui étoit encore sur le terrein les voyant avancer d'abord par patrouilles, monta à cheval et les chargea vigoureusement, un des bataillons de notre avant garde tira son canon d'un autre coté, ce qui étonna tellement la cavalerie ennemie, que croyant là toute notre armée, elle prit l'épouvante, nos hussards et nos chasseurs de Normandie et de Flandre les enveloppèrent de sorte que 63 non blessés furent faits prisonniers, une vingtaine furent tués et nous prismes encore une trentaine d'ennemis. Nos cavaliers n'eurent que deux blessés et un de leur camarade tué. Les prisonniers arriverent hier à deux heures du soir à Maubeuge ou ils sont renfermés dans une église, je les ai vu passer, il y a parmi eux un capitaine de cavalerie autrichienne.

Je reprends ma lettre que les tambours m'avoient fait abandonner un instant, nous venons de faire l'exercice avec huit bataillons de ligne ou de volontaires. Depuis six mois M. Trochereau commandant de notre bataillon est absent, ce qui fait que nous ne sommes pas aussi forts pour les manœuvres que nous devrions l'être, je pense que nous allons en nommer un autre. On m'apprends dans ce moment-ci que nos hussards ont pris ce matin dix hulans. Ce soir on vient aussi d'amener à Maubeuge, huit archers d'Hainaut (c'est la gendarmerie de l'empire) qui ont été fait prisonniers et auxquels on a enlevé des vivres qu'ils avoient volé dans nos villages, un lieutenant qui les commandoit a été pris avec eux et trois de leurs gendarmes ont été tués. Plusieurs de mes camarades qui viennent de les voir m'assurent qu'ils n'ont pas encore vus de troupes si bien montés et si bien habillés.

Les troubles qui sont arrivés à Paris ces derniers jours ont fait une très grande sensation dans notre armée, tous nous avons juré de maintenir la constitution, tous nous n'avons pris les armes que pour la deffendre toute entière et nous n'avons appris qu'avec la plus grande peine les désordres que les factieux font naître dans Paris. Le général avoit écri à l'As. N[le] et au Roy en cytoïen libre. Cette lettre avoit été mal interpreté, tous les corps de notre armée ont fait part au général de leur crainte à ce sujet, ils ont mis dans lui toute leur confiance et l'ont assuré qu'avec lui ils ne souffriroient jamais qu'on porta la moindre atteinte à notre constitution.

Lafayette avec ces témoignages partit aussitôt pour Paris, voilà déjà dix jours qu'il est absent, nous l'attendons demain avec impatience, puissions-nous ne pas voir renaitre la scène cruelle du Champ de Mars au mois de Juillet dernier, c'est notre plus grand désir, mais je ne craindrai pas de dire en même temps, que moi-même je tirerois sur des rebelles qui ne voudroient pas se soumettre à la loi. J'espère que l'arrivée du général nous tranquilisera sur la situation malheureuse de Paris, ou l'on parloit déjà de nous envoïer. On nous assure que dans peu nous quitterons le département du Nord pour aller à Montmedi ou est la place de l'armée du Centre. Il y a 50 lieues et on nous dit que nous les ferons dans cinq jours, marche de 16 à 17 heures par jour pour une armée de 25.000 hommes, je n'en suis pas encore sûr. En quelqu'endroit que je sois voici mon adresse : Favier, officier du bataillon de l'Allier à l'armée du general Lafayette.

Mille complimens de ma part à toutes nos connaissances, assurez Mr Badouillé du retour le plus sincère. Je vous prie de saluer aussi de ma part M. le Curé de Saint-Priest. Mon frère et tous les officiers et volontaires de notre païs se portent bien.

Nous avons encore hier fait Saint-Jean, cela nous arrive souvent, mais nous ne sommes pas comme vos locataires, nos maisons nous suivent, nous dormons maintenant partout comme si nous y étions accoutumés dès l'enfance, bien heureux encore quand nous avons de la paille, car dernièrement nous n'en pouvions trouver ni pour or ni pour argent, il fallut absolument attendre la distribution.

La plus grande discipline règne dans notre armée, la ligne et les volontaires s'accordent on ne peut mieux, pourquoi nos concitoïens de l'intérieur ne voïent-ils pas régner parmi eux la même concorde ? c'est que plusieurs individus sous le manteau d'un patriotisme qui ne leur coute que des mots, mais qui les enrichit, (il existe de ces hommes dans notre ville) ne craignent pas de mettre le désordre pourvu qu'ils parviennent à leur but.

Je suis votre obéissant fils :

FAVIER l'ainé.

A Sedan, le 17 juillet l'an 4 de la liberté.

Tout couvert de poussière j'arrive à Sedan avec la 3e division de notre armée, j'y rencontre plusieurs de mes camarades de philosophie servant officiers dans le bataillon de Bourges, campé à un quart de lieue de la ville, c'est pourquoi je m'y arrête, pendant qu'on fait notre diner je vous écris.

Nous passames hier à Mezières, je suis alle voir Charleville, c'est la plus jolie ville que je connoisse encore. Nous marchons dans ce moment sur quatre colonnes, la chaleur, la poussière nous rendent nos journées très fatiguantes, nous perdimes deux hommes il y a cinq jours, épuisés de fatigues, le lendemain deux autres moururent pour avoir bu trop d'eau. Ces quatre hommes ne sont pas de notre bataillon, c'est le seul malheur que nous avons eu depuis plus d'un mois ; Carra et plusieurs journalistes, ennemis jurés de notre général cherchent à le perdre, mille horreurs lachés par des hommes accrédités ont commencé à faire trouver Lafayette odieux à une infinité de françois, j'apprends dans cet instant que Berton a écri à Montluçon que le général nous trahissoit, nous en avoit donné des preuves non équivoques, oh ! que mes concitoïens ne le croïent pas, nous suivons ses mouvemens et sa conduite. Lafayette ne peut qu'être un homme pur, tel qu'il s'est toujours montré à nous et à toute la France, ou le plus infâme scélérat, l'homme auquel il serait impossible de trouver un nom assez affreux, il n'y a qu'un factieux qui puisse l'accuser d'être ce dernier homme.

Je défie qu'on m'ait jamais vu différent, dans mon païs et partout ou j'ai vécu, patriote comme on doit l'être, ami de l'ordre et l'ennemi de la licence, opposé à tout système qui seroit contre la constitution, je veux voir des preuves pour dire que Lafayette est coupable. Les Jacobins l'accusent d'avoir sacrifié le bataillon de la Côte d'Or, je prouverai facilement le contraire, ce bataillon n'eut pas éprouvé autant de pertes s'il n'avoit pas fait gir le vrai courage dans la témérité, je dirai toujours qu'un bataillon de 500 hommes qui voudra se soutenir devant dix mille hommes, sans battre en retraite, agit en téméraire. Le capitaine nommé Boctidon, qui après avoir donné sa démission va en faire gloire à l'Assemblée Nationale (je le connois), n'étoit pas aimé de l'armée, il s'en est retiré, ne voilà-t-il pas un bon patriote celui qui cesse de servir sa patrie lorsqu'elle est en danger. Boctidon n'a pas parlé d'aller ailleurs servir. La majorité de notre armée pense comme moi, elle a la plus grande confiance dans le général, nous ne voulons point de deux chambres, nous ne voulons point de république, vous voulons notre constitution, nous mourrons avant qu'on y porte atteinte ; et nous nous tournerions nous mêmes contre Lafayette s'il étoit capable de penser à la changer. La patrie vient donc d'être déclarée en danger, je le crois, la marche, l'arrivée des Prussiens est certaine, la confédération de trois rois contre nous, sure; et l'intérieur et l'Assemblée Nationale elle-même, j'oserai le dire, n'est pas encore réunie. Les généraux changent d'armée, nous attendons ce soir Lucner et Lafayette. L'armée de Lucner n'est qu'a trois à quatre lieues de nous, elle nous suit. On nous assure sous deux ou trois jours la réunion des deux armées, on parle même de s'opposer ensemble à l'armée prussienne et impériale combinée.

Le mois d'août nous apprendra bien des choses. Nous sommes réellement dans un moment de crise, Mr de Tracy, nous dit-on, a donné sa démission, Narbonne qui est à Paris ne tardera pas à en faire autant. Nous avons deux nouveaux maréchaux de camp. Je ne scais encore au juste l'endroit ou nous nous réunirons, si cette nouvelle est sure.

Mon frère et tous les officiers et volontaires de notre païs se portent bien, Lebon, Mauri jeune et un troisième, Valleton (qu'on ne recevra pas à cause de sa petitesse et de son père) sont avec nous.

Je suis votre fils : FAVIER l'ainé,

A l'armée du Centre.

P. S. — Nous avons entre nous trois achepté une voiture qui porte tous nos bagages. Il n'y a plus que moi, avec deux ou trois autres, qui n'aient pas encore de cheval de main, nous en avons cependant bien besoin, nos routes nous coutent horriblement. Ma bourse est légère, vous pouvez être son médecin. Adieu. J'écris bien mal.

Au village de Villy. L'abbaye d'Orval

Montmedi le 2 Août.

Enfin maman, nous pouvons dire avoir vu le feu, j'ai entendu les balles siffler dans notre rang, que mon début ne vous alarme pas, personne n'est tué ni blessé de notre bataillon. Nous étions reunis au camp de Flabeuville à un quart de lieue de la petite ville appelée Marville, à deux lieues de Montmedy, deux petits camps s'étoient reunis au notre, ils avoient augmenté notre armée de six à sept mille hommes. Le bataillon de la Creuse, celui de l'Indre et la moitié du Rég[t] Royal Guienne qui étoit avec nous à Moulins, étoient de ce nombre. Royal Guienne nous a fait beaucoup d'amitié, ses officiers aristocrates ont emigrés. La Creuse retourne demain je crois, avec Mr Lucner. Ce maréchal est du côté de Metz et il ne paroit pas qu'il vienne nous commander, comme on l'avoit dit d'abord. Le 25 dès le matin plusieurs mouvemens de l'armée nous firent croire que nous pourrions bien marcher. Le général étoit parti avec sa réserve du coté de Longwi, nous ne fumes pas trompés, à quatre heures nous reçumes des ordres, en un demi quart d'heure nous fumes prêts ; avec le 4e bataillon de la Meurthe, le 1er de la Meuse, un bataillon du régiment de Foix, un de Bouillon, celui de Vivarais, un détachement des hussards de Chamboran et une partie du 23e de cavalerie, nous primes la route de l'empire en laissant Montmédi à gauche, vers le soir nous arrivâmes sur une hauteur vis à vis la paroisse de St-Marc à une portée de mousquet de la petite ville impériale appellé Virton, nous ne vimes rien dans notre route, nous couchâmes au bihuac sur cette montagne. Cette nuit a été pour tous la plus désagréable nuit que nous ayons encore passée, nous étions sur une terre labourée qu'une pluie continuelle eut bientôt rendue aussi molle, aussi tenace que la boue d'un gouffre. Ceux qui eurent le malheur de dormir dans cet endroit (j'étois du nombre et je n'avois ni redingote ni manteau) éprouvèrent à leur réveil un tremblement universel dans tous les membres qui dura plus d'une heure. A quatre heures du matin on battit la générale, à l'assemblée nous nous remimes en marche, il resta sur la montagne quelques troupes avec les quatre dernières compagnies de notre bataillon pour la garder et veiller à la sûreté de nos équipages qu'on attendoit. Nous passames à St-Marc et de là à Virton que plusieurs de nos détachemens occupaient depuis la surveille, nous traversâmes aussi deux villages plus éloignés; à un quart de lieue du second appelé Latour, sur la hauteur, les hussards de Chamboran qui nous précédoient de quelques pas, furent attaqués par l'ennemi, nous nous mimes aussitôt en bataille, une garde de Bouillon, deux compagnies de Foix et les cinq de notre bataillon étoient les seules troupes qui pouvoient en ce moment s'opposer à l'ennemi. Le reste de la division étoit alors en arrière avec M^r Le Veneur Lieutenant Général qui nous commandoit. Notre petite troupe se plaça vite derrière les haies et fit très bonne contenance, un gros de cavalerie ennemi s'avançoit, un escadron de hussards hongrois arrivoit au galop pour sabrer nos rangs, deux décharges faites très à propos étonnèrent les ennemis, deux compagnies de notre bataillon et les deux de Foix, arrêtèrent tout court l'escadron qui vouloit les rompre et ils battirent en retraite ; quelques minutes après arriva notre artillerie, qui soutenue par le reste de la division eut bientôt chassé l'ennemi. L'infanterie allemande se présenta, mais n'avança pas. Le général ne voulant pas s'engager dans des bois qu'il ne connoissoit pas, nous nous retirames après avoir tué une trentaine d'hommes à l'ennemi, parmi lesquels étoient un colonel de leurs hussards, et un officier, sans avoir perdu personne, un seul de nos hussards a été blessé. Mr de Lafayette attaquoit au dessus de nous le même jour du côté de Longwi, nous eussions réussi si nous n'avions été vendus, l'ennemi averti recula devant le général, il y eut quelques morts et quelques blessés de part et d'autre. Mr Desmottes, adjudant général de notre armée y fut tué de notre côté ; un curé d'une paroisse de l'empire tua un dragon par des fenêtres et tira quelques coups de fusil, le général l'a sauvé des mains des soldats, je pense qu'on le punira comme il le mérite.

Depuis le 25 au soir jusqu'au 31 au matin, une pluie qui n'a presque pas cessé, avoit rendu notre camp impraticable, l'eau couloit malgré nous, malgré nos fossés, dans nos tentes, et rendoit le peu de paille que nous avions pour coucher, aussi pourrie, aussi infecte que du fumier, nous couchions, pour mieux dire, dans la boüe la plus infecte. Beaucoup de volontaires et un grand nombre de notre compagnie étoient malades et l'on pouvoit à peine leur donner de secours, nous ne pouvions sortir de nos tentes, pendant deux jours je n'ai mangé que du pain, l'eau éteignoit le feu des cuisine et l'on ne pouvoit réussir à faire la soupe, on etoit obligé de mettre le double de chevaux à toutes les voitures qui venoient ou rouloient dans le camp, dont les chemins étoient devenus impraticables, cet etat devenoit affreux pour toute l'armée, le général pour y rémédier a fait garder les postes avancés par l'avant garde et a cantonné pour quelques jours toute l'armée. Depuis Longwi jusqu'auprès de Sedan, une ligne de plus de dix lieues, tous les villages sont pleins de troupes. Deux ou trois jours de repos chez l'habitant rafraichiront singulièrement l'armée, je l'éprouve déjà, je ne scaurois vous exprimer quel plaisir on a de coucher au lit, après avoir dormi dans la boue ou sur de mauvaise paille sans presque se déshabiller pendant deux mois et demi. Notre bataillon est cantonné à Villy, bourg près de Carignan, nous sommes logés quatre officiers chez un bon vieillard qui nous retrace toute la bonhommie de nos pères. Son beau père m'a-t-il dit s'appelloit comme moi Favier, mêmes lettres que nous, je ne croïois pas loger à 130 lieues de Montluçon chez le beaufils d'un Favier.

Toujours les mêmes sentimens dans notre armée, patriotisme réel et confiance dans le général. Quinze mille hommes Autrichiens s'étoient emparés de Bavay et du camp que nous y occupions, ils avaient mis à contribution tout le païs, on nous annonce que des troupes de Lucner réunies aux gardes nationales citoïennes du département du Nord les ont chassés du païs. Je pense que nous ne tarderons pas à reprendre cette route, avant trois ou quatre jours nous retournerons du côté de la Flandre, on nous assure que beaucoup de soldats ennemis émigrent de notre côté.

Ragonnière se porte bien, j'ai été très content de lui à l'affaire de la Tour, ceux qui etoient malades de fatigue, de notre païs, reprennent leurs forces et renaissent à ce village. J'ai bien besoin d'argent dans ce moment ci, nous avions déjà perdu quarante écus sur un cheval qu'on avoit si bien encloué auprès de Sedan qu'il falloit le dessoler pour le guérir, nous l'avons revendu au premier venu pour nous en débarrasser, l'imbécile domestique de Favières nous a fait confondre notre cheval de voiture, avant hier en passant à Marville, les roües de deux caissons d'artillerie lui ont passé sur les jambes après l'avoir renversé, il n'a cependant pas les jambes cassées, mais nous serons bien heureux si nous le sauvons, pendant ce temps il nous en faut un autre. Si vous pouviez me faire passer un assignat de deux cent francs vous me feriez plaisir, il faudrait charger la lettre à votre poste et l'adresser comme d'ordinaire.

Je vous prie de saluer de ma part Mme Deschamps, ma marreine (1), Mme Berthet et tous nos voisins et connoissances, mes assurance d'amitiés à nos vignerons.

Je suis votre fils, FAVIER l'ainé.

A Verdun, le 23 août. L'an 4e de la Liberté.

Ma chère mère,

L'incertitude ou j'étois si vous receviez mes lettres (depuis un mois je n'avois pas scu de vos nouvelles)

(1) Sa marraine était Mme Martinet de la Croze, née Elisabeth Chappus, qui était la cousine de sa mère.

les differents récits qu'on nous faisoit de la révolution du 10 à Paris. La manière inquiétante dont les bruits les plus affreux se répandoient dans notre armée joignez-y l'assurance que j'avois que nos lettres étoient décachetées et plusieurs supprimées, tout cela m'avoit fait tarder à vous écrire. Depuis ma dernière lettre, ah! maman, que de changemens, que de malheurs sont arrivés, nous ne demeurâmes que trois jours dans notre cantonnement à Villy, nous recampasmes auprès de Stenay avec la majeure partie de l'armée. Le surlendemain nous partimes pour renforcer la réserve campée à Vaux, de là, avec le Corps dit l'Armée Infernale, nous allâmes occuper le lendemain le camp retranché sous les portes de Sedan. C'est à cet endroit le 12, qu'un courrier suivi de plusieurs autres adressés au general, nous apprit les malheureux événements du 10 à Paris, toute l'armé en gémit à l'exception de quelques individus du nombre de ces hommes qui n'ont de plaisir que dans le désordre. Car tout françois raisonnable ne pourra s'empêcher d'avouer que des horreurs ont été commises à Paris, des Suisses des églises et des maisons de cette ville ont été massacrés inhumainement, sans avoir fait d'autres crimes que porter un habit de la même couleur que ceux des suisses des Tuilleries qui, nous dit-on, ont les premier tiré sur le peuple. Je n'entrerai pas dans une discussion, scavoir si l'Assemblée nationale actuelle a dépassé ses pouvoirs ; scavoir si la partie du peuple de Paris qui s'est levée, representoit, assurée de leur vœu, tous les citoïens des 83 autres departemens, en parlant d'après la souveraineté de la nation, votre fils, maman, a bien d'autres choses à vous dire.

Lorsqu'il s'agit d'obéir il ne scait pas discuter. Nous étions dans l'inquietude sur la journée du 10, lorsque Kersaint, Lacombe St-Michel, Klairval arrivèrent à Sedan avec pouvoir, en qualité de commissaires envoiés par l'assemblée, de destituer les generaux d'armées et de donner les ordres qu'ils jugeroient convenables pour la sureté de l'état.

La municipalité de Sedan trouva dans leurs passeports des marques suspectes et sous le prétexte que l'assemblée n'étoit pas libre lorsqu'elle les avoit députés et lorsqu'elle avoit rendu le décret sur la suspension du Roy, elle les fit arrèter et conduire au château ou elle mit une forte garde. L'armée ne vit pas avec plaisir cette infraction au droit des gens. On eut peu renvoïer les députés sans les retenir prisonniers. Le lendemain cette même municipalité (le general Lafayette y trempoit bien pour quelque chose) requit toute la force armé, qui se trouvoit sur son terrein, de se rendre dans la plaine de Sedan pour y prêter le serment civique. L'armée obéit, mais les sentimens étoient partagés. Une municipalité avoit-elle le droit de nous demander un serment dans la circonstance sans être authorisée par l'assemblée ? Pourquoi demander à ceux qui avoient tout sacrifié et qui tous les jours ne craignoient pas d'exposer leur vie devant l'ennemi pour la deffense de notre constitution, le serment déjà prêté, de lui être fidèle et de la soutenir ?

Les généraux ne vouloient-ils pas se servir de ce serment pour nous engager à préferer l'intérêt d'un seul à celui de la patrie et le faire tourner contre nous même? telles étoient les pensées qui nous venoient en foule. La réserve prêta cependant le serment si désiré de la municipalité. La majorité de notre Bataillon fit de même, mais deux officiers crièrent : Vive l'Ass. N[le] et point du Roy Louis XVI. Ces paroles furent entendues par M. Lafayette, et deux jours après nous reçumes à minuit, l'ordre de quitter le camp à quatre heures, sans aucun effet de campement et même sans enmener nos canons. L'ordre nous faisoit marcher à Verdun ou nous sommes arrivés après trois jours de route par étapes, et ou nous serions emploïés dans l'armée de Lucner si ce géneral le demandoit. Ce renvoi nous pétrifia tous, nous fumes indignés contre le général, ils nous avoit toujours montré beaucoup d'amitié, nous avoit félicités lui même sur la manière dont nous nous étions comportés à l'affaire de Virton ; et il nous faisoit changer d'armée parceque deux ou trois personnes de notre bataillon n'étoient pas de son avis. Cette conduite nous parut suspecte et ce n'est que depuis ce moment que j'ai réellement soupçonné Lafayette d'avoir de mauvaises intentions. Deux régimens de cavalerie de la réserve et autant de compagnies de grenadiers furent renvoïes comme nous, nous étions certainement bien loin d'être coupables ; mais néanmoins notre départ nous avoit tous consternés. On nous a bien reçu à Verdun, nous y sommes actuellement casernés jusqu'à nouvel ordre. Un courrier dépêché par le departement de la Meuse, nous annonce de mauvaises nouvelles, le camp de Fontoy (de 3.000 hommes) près Longwi a été forcé par l'ennemi qui a bloqué cette ville et menace de bombarder Thionville.

L'ennemi dévaste tout, met le feu partout et fait

les plus horribles ravages, une lettre attachée à la dépêche d'un officier envoïé à la découverte par le departement, assure ces malheureux évenemens, les habitans des campagnes se retirent plus avant dans les terres et sont très effrayés.

On dit l'ennemi fort de soixante mille hommes, ce que je ne crois pas encore. Les volontaires pris les armes à la main sont pendus, les monstres croïent nous effrayer, ils se trompent, nous les empêcherons bien de nous prendre vivans. Ils ont pris le camp de Fontoy par trahison, mais cette surprise leur a couté bien du sang. Verdun est une ville fortifiée, mais les armées l'ont dégarnie d'une partie de ses canons et munitions, elle n'est qu'en seconde ligne, quoique l'ennemi pourroit y arriver par les trouées d'entre Montmédy et Longwi, cette nouvelle met l'alarme dans Verdun. Les habitans craignent un siège, la ville n'est pas dans le cas de se deffendre contre une armée de 20.000 hommes disent-ils, à cause des montagnes des environs, d'où le canon ennemi foudroyeroit tout, mais nous les empêcherons bien de se rendre, supposé qu'ils soient attaqués pendant que nous y sommes. Que ces nouvelles ne vous inquiète pas, nous sommes plus tranquilles que vous malgré le voisinage de l'ennemi, la France a encore bien des moïens de deffense pourvu qu'elle soit unie dans l'intérieur, autrement, on ne peut s'empêcher de l'avouer, il nous est impossible d'assurer notre liberté.

L'avant garde, la 1re et la 2e division de l'armée de Lafayette n'ont pas entendu parler avec plaisir de serment. Les chefs avoient voulu faire signer une adresse dans le stile du despotisme à toute l'armée, presque tous, la ligne et les volontaires, nous l'avions refusé. Vous avez sans doute appris la décheance du general Lafayette et son remplacement par Mr Dumouriez, qui depuis longtemps avoit tout mis en œuvre pour commender en chef, il a réussi. Lafayette s'est retiré en Hollande avec une partie de ses officiers pour se soustraire à la lanterne que ses ennemis lui destinoient. Notre compagnie de grenadiers est en garnison à Sedan à quinze lieues de nous, le general l'a gardée, je suis fâché d'être séparé de mon frère. Martin notre sergent étoit allé, il y a deux mois, conduire nos chevaux de peloton pour les vendre à Laon, cheflieu du départ. de l'Aisne, il y est encore nous en sommes surs, il y est caserné avec dix hommes de notre bataillon, tous les bruits qu'on a fait courir sur son compte sont faux, il se porte bien. J'ai fait vos commissions auprès de Georges et Sabouret.

Il nous arrive beaucoup de recrues mais un grand nombre n'est pas en état de supporter les fatigues de la guerre. Tous les officiers et volontaires de notre païs se portent bien. Adieu, ne soïez pas dans l'inquietude, je vous embrasse, votre fils,

FAVIER l'ainé,

A l'armée du Centre, à Verdun, dép[t] de la Meuse.

Je suis de l'armée de Lucner à présent et Ragonnière de celle de Dumouriez.

Je salue toutes mes connoissances, je vous prie de ne pas faire lire mes lettres à tout le monde, on fait des paquets qui me sont rapportés et déjà l'on a osé me calomnier. Je ne suis pas étonné que mes lettres soient décachetées, toute l'armée s'en plaignoit, c'est surement à Paris. Il est possible que vos curieux de Montluçon fassent de même.

Verdun, le 25 août. L'an 4e de la liberté.

O comble d'horreur, Longwi s'est rendu à l'ennemi après cinq jours de siège. C'est le fruit sans doute de la plus lâche trahison. L'armée ennemie est commandée par le maréchal de Brunswik général prussien, le fils du roy de Prusse y est aussi, on la dit forte de plus de 80.000 hommes. Le malheureux bataillon de la Côte d'or, le 2e qui déjà avoit ete abymé à l'affaire ou M. Gouvion fut tué, passe ici désarmé et va à Rheims, les bourgeois de Longwi je crois, l'ont forcé à se rendre en évacuant la place et l'ennemi lui a enlevé ses armes, malgré la condition, il l'a forcé de prêter le serment de ne point porter les armes contre Louis XVI pendant un an, c'est en son nom qu'ils se sont emparés de la ville. L'ennemi va sur Montmédy, mais une partie de l'armée de Dumouriez s'avance de ce côté et nous apprenons à l'instant que celle de Lucner vient du notre. Il y a deux heures que les corps se sont assemblés ici, on a décidé de se deffendre, quoique la ville n'ait que de très foibles retranchemens, en cas d'attaque, la ville prise nous nous retirons dans la citadelle, ou nous scaurons mourrir s'il le faut. Soïez cependant tranquille; car le croisement de nos deux armées arrêtera surement l'ennemi, il n'est qu'à une journée de notre ville.

Soïez persuadée du tendre attachement de votre fils FAVIER l'aîné.

Ragonnière vient de m'écrire, il se porte bien.

A Chaalons, le 5 septembre, l'an 4e de la liberté.

Comment vous raconterai-je nos malheurs, maman, des trahisons ! des citoïens qui ne feroient pas le moindre sacrifice pour leur patrie ! voilà les maux qui menacent notre liberté, voilà les hommes qu'on oppose pour la deffendre.

L'armée ennemie est dans Verdun ; et notre courage, notre force, n'ont pu l'arrêter devant cette place. Déjà dans une partie de la France on nous accuse, on nous traite de lâches ; ah ! qu'il est cruel quand on est innocent, quand on a prouvé son courage de s'entendre calomnier, de se voir vilipender par des hommes, desquels on rougiroit souvent d'être le semblable.

L'armée prussienne après s'être emparée de Longwi, et en avoir fait rendre la garnison désarmée, s'avançoit sur Verdun, ou nous étions en garnison depuis cinq à six jours ; nous n'étions pour lors que deux bataillons de volontaires dans la ville. Certains de la marche de l'ennemi, nos chefs demandèrent des forces, des cannonniers, pendant ce temps l'Assemblée N^le doutoit encore de la prise de Longwi et nous ne voïons arriver ni cavalerie, ni artillerie. Les prussiens parurent le 28 au matin, aux environs de notre ville et nous bloquèrent dès le soir. Nous n'avions que 80 hommes de cavalerie, nous ne pûmes hasarder de faire une sortie pour repousser l'ennemi. Deux autres bataillons de volontaires et plusieurs gardes nationales citoïennes des environs, étoient entrés dans la ville la veille, mais la plus grande partie de ces troupes citoïennes n'etoit point armée et ne pouvoit presque pas nous servir. Verdun est une ville placée dans un fond, entourée de tous côtés par des hauteurs la dominant et d'où le canon ennemi peut faire beaucoup de mal. Il n'y avoit pour deffendre toute la place que trente pièces de canon et environ une douzaine de mortiers ou pierriers. Nous n'avions qu'un canonnier par pièce. La poudre, très ancienne, ne portoit presque pas, en sorte qu'un canonnier a changé douze fois de suite des amorces sans pouvoir faire feu. Qu'est ce que si peu d'artillerie pour une ville beaucoup plus grande que Moulins. Les murailles étoient extrêmement mauvaises, elles avoient été bâties dans un temps ou l'on ne connoissoit pas le canon. Malgré les soins qu'on avoit paru prendre pour la rétablir, dans deux endroits on pouvoit entrer sans faire brèche. Une grande quantité de boulets de pièces de 24 existoit dans la ville et nous n'avions que deux ou trois pièces de ce calibre et de même de celles que nous avions. Telle étoit la situation de la ville au moment du siège. Les prussiens dès la nuit de leur arrivée disposèrent leurs batteries, le lendemain un trompette, escortant un aide de camp du Roy de Prusse, arriva pour sommer la ville de se rendre à Louis 16e Roy très chrestien. On lui répondit qu'on tenoit la ville du Roy des françois pour la nation et qu'on la deffendroit tant qu'on auroit des moïens de deffense.

Toute la journée le canon tira de part et d'autre. La nuit, depuis dix heures du soir jusqu'au lendemain à peu près à la même heure, l'ennemi nous envoïa plus de 600 bombes gaudronnées pour mettre le feu, ainsi qu'un grand nombre de carcasses remplies d'artifices. Le feu se mit dans deux endroits de la ville et consuma entièrement deux maisons. On avoit dépavé la ville. La consternation se mit parmis les habitans, les femmes éplorées mettoient toute leur éloquence en jeu pour nous séduire, j'en ai vu qui me pressoient les mains pour m'engager à parler pour la reddition de la ville. Toutes ces niaiseries n'auroient jamais rien fait auprès de nous, les officiers, les volontaires crioient tous qu'ils périroient jusqu'au dernier avant de laisser entrer l'ennemi, ils menaçoient les habitans de mettre le feu aux quatre coins de leur infâme ville. Mr Beaurepaire commandant de la place et colonel du bataillon de Mayenne et Loir, excellent patriote et bon officier, se réjouïssoit d'être à la tête d'une aussi brave garnison ; tout alloit bien lorsque le même aide de camp qui étoit venu déjà sommer la ville, reparut dans nos murs en offrant toutes les conditions possibles et menaçant la ville de la brûler entièrement la nuit suivante ; il donna 24 heures pour accepter ou non ce traité.

Toute la ville, le district, la municipalité, tous les chefs des gardes citoïennes acceptèrent à grands cris cette capitulation, notre brave chef s'y opposoit seul, la garnison qui en eu vent, juroit, menaçoit tout le monde. La trêve fut neanmoins acceptée. Pendant la nuit l'ennemi approcha ses batteries de deux cent pas de la ville. Le brave Beaurepaire qui nous commandoit emploïa tous les moïens, toutes les ressources de son esprit pour changer les sentimens du conseil et le forcer à se deffendre jusqu'a la dernière ressource, hélas tout fut vain. Désesperé de ce que les citoïens vouloient tourner leurs armes contre nous si le commandant n'évacuoit la ville, voyant qu'il étoit impossible de rassurer les habitans de Verdun, il jetta avec force les clefs à la municipalité, sortit et se tua de deux coups de pistolets, à la porte dans une chambre à côté (1).

Le lendemain, dès le matin la ville fit ôter la garde des remparts, enlever les provisions de la citadelle, et prit toutes les mesures pour nous empêcher de résister. Le soir une capitulation (il est vrai la plus honorable possible puisque nous sommes sortis avec armes et bagages, tambours battants, enseignes déploïées et que nous pouvions servir dans quelle armée nous voudrions) fut signée acceptée de part et d'autre. L'ennemi fut introduit dans la place et nous en sortimes enragés contre la ville. Je ne vous donnerai pas d'autres détails du siège, quelques volontaires de notre compagnie qui nous ont quittés vous en parleront sans doute, ils ont profité de la facilité d'un district, d'une municipalité qui sans doute avoient le dessein de faire rompre les corps organisés ; mais le maréchal Lucner y a mis ordre, et en même temps écrit aux Dép[ts] pour les faire arrêter. Ce bon vieillard est ici, il a placé à Châlons son quartier général, nous a accueillis avec plaisir, c'est un homme très respectable. Nous scavons de lui par note certaine, que l'armée combinée des prussiens et autrichiens est composée de cent trente quatre mille hommes. Trente mille

(1) D'après les documents très précis. qui se trouvent au ministère de la guerre, Beaurepaire ne se tua pas, il fut assassiné.

hommes restent immobiles à la droite, autant à la gauche pour arrêter nos armées et le centre marche sans se séparer.

Jugez s'il nous sera difficile de rompre et de détruire un corps ennemi si formidable ? le roy de prusse accompagné du duc de Brunswik est entré le lendemain de notre départ à Verdun, sa cour etoit de trois à quatre cent personnes, son armée doit ce soir placer son quartier général à Clermont proche Varennes.

L'ennemi se comporte avec la plus grande honnêteté, tous les généraux et officiers prussiens nous otoient de grands coups de chapeau en passant devant nous. Nous traversames un de leurs camps, nous fûmes bien heureux cependant de n'être pas attaqués, un de nos chasseurs, après la capitulation tua un major de l'armée ennemie. Après avoir passé leurs portes, d'imbéciles recrues ivres tirèrent malgré nous, la nuit, plus de 30 coups de fusils, on dit que le roy de Prusse a pardonné le chasseur. Je suis fâché de ne pouvoir vous marquer une infinité de détails très intéressans à scavoir sur notre siège et nos armées ; mais il me faudrait une rame de papier. J'attends incessament de vos nouvelles à Chaalons. Nous avons laissé notre voiture à Verdun, ni pour or ni pour argent nous ne pûmes trouver de cheval pour la conduire, c'est une perte de 200 livres.

Ragonnière est à l'armée de Dumourier, mais je ne scais ou elle est, rassurez-vous nos armées marchent pour arrêter l'ennemi.

Je suis votre fils FAVIER l'ainé,

Off. de l'Allier.

Je crois que nous allons recamper.

A la Neuville au Pont, 17 septembre,
l'an 4e de la liberté.

Notre bataillon, ma chère maman, est destiné pour les grands mouvemens, il sera impossible que nous restions sans en faire pendant huit jours. A Chaalons, le maréchal Lucner nous avoit annoncé qu'il vouloit nous garder avec lui, nous commençames à camper le troisième jour de notre arrivée, sous les murs de cette ville, sans doute pour montrer aux nouvelles troupes arrivantes de Paris et de tous les environs, la manière de placer les tentes et de veiller à la sûreté d'un camp. Les Parisiens se comportent fort mal, beaucoup de mauvais sujets sont réellement parmi eux, leur singulier plaisir est de couper des têtes, aussi le François les redoute plus que ses ennemis, ils sont diablement différents de nous pour la façon de penser et je peux dire même de toute l'armée. Ces messieurs sont extremement turbulens, ils ont fait beaucoup d'horreurs à Rheims, à Chaalons et par tous leurs passages, mais j'espère qu'ils seront tranquilles à l'armée et qu'ils ne parleront plus, de trancher sans forme de procès, que les têtes de nos ennemis en les combattant, d'ailleur il y a parmi eux de braves gens.

Nous voilà de nouveau à l'armée, nous partimes le 13 de Chaalons pour Suippes, le 14 nous vimes le bourg de Grand pré ou était le quartier general de l'armée de Dumouriez, le soir même nous fumes conduits au camp, ou nous bivacquames par un froid cruel. Nous n'y étions que depuis trois heures lorsque toute l'armée se replia du côté de Dompmartin, je fus faché qu'on eut abandonné la plus belle situation, mais l'ennemi menaçoit de nous ceintrer. Depuis trois jours on bataillоit, on se canonnoit, et aucun avantage n'avoit été d'aucun coté. L'ennemi étoit beaucoup plus nombreux que nous, on n'osoit pas s'engager à travers les bois. Le 13 il y eut une cinquantaine de blessés de part et d'autres et peu de tués. Le 14 nous leurs avions tué un officier supérieur et deux aides de camp, le matin 12.000 des notres les avoient poussés avec avantage, le soir les notres avoient été repoussés. Notre armée fila sur plusieurs colonnes à deux heures du matin. La colonne des équipages passoit par un chemin assez difficile, trois mille hommes de cavalerie attaquèrent notre arrière garde ; nous étions cinq bataillons d'infanterie en avant, nous rebroussames vite pour nous mettre en bataille à une lieue plus loin. Après avoir attendu une heure l'ennemi, n'entendant plus parler de lui, nous continuâmes notre route. A peine nous arrivions au camp nous entendimes un feu terrible, nous étions trop loin pour porter du secours. La colonne de l'arrière garde s'opposa avec force à l'ennemi, mais son infanterie commençoit à arriver, la notre ne pouvoit servir parce que notre cavalerie se trouvoit entourée, ce qui fit que nous éprouvâmes une petite perte, nous avons perdu une douzaine d'hommes dans cette affaire. Les prussiens se retirèrent bien vite, parce que notre armée arrivoit de tous cotés ; cette rencontre n'est rien parce qu'on a blessé autant de personnes au moins à l'ennemi, mais quant à beaucoup d'individus de notre bataillon, elle est affreuse, je suis malheureusement de ce nombre. Le fourgon ou thrésor de notre corps se trouvoit un des derniers avec les voitures de plusieurs de mes camarades, il y avoit trente et quelques mille livres dans notre caisse en argent, sans compter les assignats, avec la plus grande partie de nos équipages qui ont sans doute été enlevés, depuis trois jours nous n'en avons pas de nouvelles. Je n'ai plus rien du tout de tout mon équipage que les seuls habits que j'ai sur moi, mon manteau, mon porte-manteau et tous mes effets sont perdus ; encore par un effet du hasard, ma montre qui étoit dérangée s'y trouvoit dans ma ceinture, avec mes pistolets, dont la veille j'avais cru inutile de me charger étant en sureté et que le matin je n'avois pu reprendre par la promptitude du départ et il faut dans ce moment là suivre son corps dut-on perdre tout ce qu'on a, plaignez moi, Favières a perdu le sien, Georgeon avoit mis son porte-manteau ailleurs. Le lieutenant de la 1re compagnie perd plus de mille écus avec sa voiture. Les officiers de la sixième et celui de la 8e ont perdu comme moi leur cabriolet ; sans mes effets que faire ? joignez à cela la crainte que j'ai, que vous ne m'ayez adressé de l'argent à Verdun dans le temps du siège et dont l'ennemi se seroit surement emparé. Le 15 l'armée bivaqua à Dompmartin, le 16 nous arrivâmes à une lieue de Ste-Menould. Aujourd'hui nous sommes cantonnés à la Neuville-au-Pont, n'ayant pas de tentes, le général a bien vu que c'eut été vouloir nous faire périr que de nous faire encore bivaquer.

Notre armée dans ce moment ci est forte de plus de 40.000 hommes et bien disposée à se battre, ce qui j'espère ne tardera pas, tous les jours il nous arrive du monde et bientôt nous serons aussi forts que l'ennemi de ce côté. Nous l'attendons dans les plaines de Champagne et nous verrons si les trahisons seront victorieuses comme elles l'ont été jusqu'à présent contre nous.

L'ennemi m'a enlevé mes effets, je n'ai plus rien, mais il ne tient pas mon patriotisme, il ne l'aura qu'avec ma vie. J'espère que vous m'allez répondre tout de suite, jugez de ma peine, si vous ma mère vous refusez de me secourir ; vous allez faire vos vendanges, je ne suis pas prêt moi, à aller manger du raisin de Couraud. Vous allez voir plusieurs de nos jeunes gens, ils rougiront sans doute, puisque c'est au moment du danger de la patrie qu'ils l'abandonnèrent. Saluez mes connoissances, mais je n'écris que pour vous.

Je suis Maman, dans la sincérité de mon cœur, votre obéissant fils FAVIER l'ainé.

Il est nuit je cesse de vous écrire.

P. S. Depuis quatre jours la moindre de nos journées a été de sept lieues, à ne vivre que de pain de munition sans trouver ni vin ni eau et couchant dans des terres labourées sans tentes, par le froid qu'il fait ici les nuits. Mon adresse : à l'armée de Dumouriez. L'argent par lettre chargée ou par le courrier en payant le sou pour livre.

Grâce à Dieu j'ai retrouvé mon frère que je croïais perdu, sa compagnie avoit cantonné dans des villages et a failli être enlevée plus d'une fois, depuis quatre jours elle occupoit une hauteur avec deux pièces de huit, en venant nous rejoindre elle s'est trouvée à l'attaque de notre arrière-garde, mais personne d'eux n'est blessé, Ragonnière se porte donc bien excepté qu'il est comme nous tous abymé par la fatigue et la mauvaise nourriture et le mauvais temps.

Nous sommes diablement loin d'être propres, imaginez vous néanmoins que nous sommes bien loin d'être découragés, le roy de Prusse n'est pas encore à Paris. Nous avons vu hier paroitre notre armée dans toute sa beauté, on craignoit une attaque, Mr Dumouriez nous fit mettre en bataille sur trois colonnes menaçantes. Rien de plus beau qu'une armée bien placée dans une plaine commode. Nous avons entendu le canon ronfler toute la journée, c'est sans doute à nos postes avancés. Je ne scais pas ou sont nos troupes de lignes, la majeure partie des armées est composé de volontaires. Mr Dumouriez est bien loin d'avoir l'expérience des généraux qui nous sont opposés : mais malgré cela nous espérons bien chasser l'ennemi de nos terres. Soïés tranquille il faudra que l'ennemi passe sur nos corps avant d'entrer à Paris. Ils ne sont pas invulnérables, ils ont plus d'expérience, nous aurons plus de courage.

A Noirmont petit village à une lieue de Ste-Menould. Le 30 septembre. L'an 4e de la liberté, le 1er de la République (1)

Ma chère maman,

Cette lettre sera la dernière ou je vous donnerai des nouvelles générales. Je ne vous parlerai plus que

(1) Le 22 septembre 1792 commença l'ère républicaine.

tous les quinze jours et seulement pour que vous soïez tranquille sur mon sort et celui de mon frère. Je vous avois priée de ne point répandre mes lettres, toujours mal interpretées par des mal intentionnés, je vous prie que ceci ne sorte pas de vous. Vous pouvez donner la liste de ceux qui ont quitté la compagnie, pour tranquilliser les parens.

Certains individus de Montluçon ont tort de m'en vouloir, je n'ai jamais désiré que le bien et si plusieurs jeunes gens eussent voulu me croire, ainsi que Georgeon, ils ne se fussent pas perdu par une honteuse démarche. L'honneur m'a guidé avec le patriotisme et me conduira toujours ; je ne crois pas qu'on en puisse douter et en dépit de mes détracteurs je scaurai le prouver.

L'instant favorable s'avance, depuis ma dernière lettre nous nous sommes vu trois fois au feu, le 20 (1) l'armée ennemie attaqua celle de Kellerman jointe à la notre, on entendit la plus furieuse canonnade dont on ait ouï parler depuis bien longtemps, vos journeaux vous apprendront cette affaire. On tira deux mille coups de fusils, l'ennemi ne voulu pas s'engager, ce ne fut qu'une escarmouche, puis nos postes avancés attaquèrent les prussiens, ils s'avancèrent jusqu'a la porté du canon.

L'ennemi commença, le feu étoit dirigé précisément vis à vis notre bataillon, nos canonniers répondirent au salut des Prussiens avec des pièces de 12, on s'apperçut à temps que l'ennemi faisoit monter sur une butte, qui nous dominoit, de grosses pièces, nous battimes en retraite quelques pas, espérant faire des-

(1) Le 20 septembre 1792 bataille de Valmy.

cendre l'ennemi, il ne le voulut pas, on cessa de tirer de part et d'autre sans cesser d'être en présence, nous n'avons perdu personne, plusieurs boulets ont passé pardessus nos têtes, on a tué quelques hommes à l'ennemi. Depuis ce temps les prussiens ont fait des propositions très recevables, une trêve a été acceptée et on espéroit que les prussiens se retireroient du royaume en nous dédomageant amplement. Il paroit que tout est dérangé, la trêve est rompue de hier soir dix heures. Le réveil sera terrible et nous allons nous battre plus que jamais, notre bataillon n'a encore perdu que trois à quatre hommes, encore ne sommes nous pas sûrs s'ils sont tués, nous n'en avons pas ouï parler depuis la déroute de l'arrière garde du 14, il y en a un de notre compagnie, nommé Chervillat. J'ai retrouvé une partie de mon équipage ; mais beaucoup de mes affaires ont été pillées.

Je suis votre fils FAVIER l'ainé.

Ragonnière se porte bien.

L'ennemi coupe notre communication avec Châlons, nos vivres sont obligés de faire vingt lieues de plus, nous avons manqué, trois jours de suite, de pain et couché six de suite dans la boue au bivouac, mais l'abondance renait maintenant et nous sommes toujours contens. L'ennemi ne mange du pain que deux fois par semaine et les chevaux que nous lui tuons.

A Charleville, le 17 octobre,
l'an 1er de la République.

J'ai reçu à la Chalade près Varennes les cent livres que vous nous avez envoyées, Ragonnière a touché ses cinquantes livres, je vous en remercie.

Nous sommes en marche pour la Flandre, j'ai des probabilités presque certaines que nous marchons sur le Brabant et que M. Dumouriez veut se servir de la majeure partie de son armée, de laquelle nous sommes, pour réaliser ses projets et faire cantonner ses troupes sur le païs ennemi. Le blocus de Lille est levé, les meilleurs nouvelles se confirment, un traité de paix existe sans doute entre nous et la Prusse, puisque Frédérique-Guillaume a remis à M. Dillon, un de nos généraux, Longwi et Verdun. Nous sommes fondés à croire que ce traité n'est pas connu pour sauver les apparences du roy de Prusse avec ses alliés : les émigrés et l'Empereur ; les émigrés sont misérables on les détrousse partout. Montesqiou triomphe dans la Savoie, Biron fait trembler les roitelets de l'Empire, réjouissons nous, nous sommes sauvés, que l'intérieur soit tranquille ! que les loix soient en vigueur et la république françoise deviendra la plus belle nation de l'univers.

Nous avons passé dans presque tous les villages ou ont été les ennemis, que d'horreurs la guerre n'entraine-t-elle pas après elle ? imaginez vous tous les bestiaux enlevés, les fermes entièrement pillées et dévastées ! oh ! ne vous plaignez pas de vos contributions, vous êtes bien heureuse de ne pas vous trouver sur la frontière pendant la guerre. J'ai vu des familles qui ne se relèveront pas de dix ans des pertes qu'elles ont faites, si l'on ne faisoit pas passer des grains dans les deux départements de la Meuse et des Ardennes, beaucoup de personnes y mourroient de faim. J'ai vu païer dans ces villages dévastés une mauvaise bouteille de vin quatre livres, jugez des autres comestibles et ne vous plaignez pas ; nous avons aussi grandement souffert pendant cinq à six jours que nous avons été sur ce terrain.

Il y a dans tous les corps un grand nombre de malades, Ragonière a eu trois accès de fièvre, il l'avoit encore hier, j'espère que ce ne sera rien ; je serai aussi obligé de m'arrêter en route pendant une quinzaine, mais je ne scai ou ce sera, dans nos courses avant Verdun j'ai attrapé une gale de la plus mauvaise espèce, depuis deux mois je l'ai, sans pouvoir trouver le moment de la faire guérir, nous avons toujours été en présence de l'ennemi, il faut que j'ai un tempérament de fer pour n'en être pas crevé dans nos bivuacs par ces derniers temps de pluie.

Joy et Mousson, nous ont rejoints à la Chalade, sept ou huit autres sont arrivés hier ici. Qu'on soit tranquille on ne leur dira rien du tout.

Je suis votre fils FAVIER l'ainé.

A Bruxelles Capitale du Brabant Le 15 novembre L'an 1er de la République Françoise.

Aussitôt que je scus à Laon que notre armée étoit aux portes de Mons, quoique m'en dit mon chirurgien, je volai à grandes journées rejoindre mon bataillon. Les redouttes du bourg de Boussu avaient été emportées, en vain l'ennemi avoit-il dépavé toute la chaussée depuis Quiévrain jusqu'à Boussu, notre artillerie avoit passé à droite et à gauche. Mais ce fut dans les redoutes et les retranchements qu'avoient fait les autrichiens à Jemmapes à trois quarts de lieues de Mons, que l'attaquant et l'attaqué se couvrirent de gloire (1). Je ne vous parlerai pas de cette mémorable journée, tous vos papiers vous en ont donné les détails, vous avez appris que les redoutes à trois étages étaient formidables, les Autrichiens avoient mis, devant un cheval mort une botte de foin avec cette devise : Il le mangera, si les françois s'emparent des redoutes. Albert de Saxe-Teschen, le général Beaulieu, le général Clerfait, chefs principaux de l'armée ennemie n'ont pû s'empêcher d'avouer que si les françois se battoient toujours comme ils l'ont fait à Jemmapes, l'univers n'étoit pas dans le cas de leur résister. Notre bataillon ne se trouva pas à l'attaque des redoutes, il gardoit, avec un autre corps d'infanterie à un petit quart de lieue de là, la route de Tournay, de crainte qu'un corps ennemi ne vint mettre le désordre dans l'armée de ce côté là pendant l'attaque. Quelques soldats néanmoins de notre corps, ne pouvant résister

(1) Le 6 novembre 1792, Bataille de Jemmapes.

au désir de voir de près l'ennemi, mécontens de voir le combat sans y être, s'approchèrent, se mélèrent dans les rangs des autres bataillons et chargèrent avec eux, un d'eux fut blessé ; mais il n'est pas de notre païs.

Après cette affaire, je peux dire décisive, l'ennemi a toujours battu en retraite. Auprès de Bruxelles dix lieues plus loin, il n'y a eu que quelques escarmouches et l'avant-garde seule n'a eu qu'à tirer quelques coups de canon pour les mettre en fuite. Gand, ville aussi grande que Paris est aussi occupée par l'armée de Dumouriez. Malines, Tournai, Courtrai, Ath, Ipres et plusieurs autres villes sont de même délivrées du joug des Autrichiens. Anvers n'est pas encore rendue, cette ville est très forte et a une bonne citadelle, nous marchons pour l'entourer, il faudra bien qu'elle se rende, ou nous monterons à l'assaut, ou nous l'affamerons. Nous ne scavons encore officiellement si Namur est pris, plusieurs personne l'annoncent. Après Anvers, rien ne peut nous arrêter jusqu'au Rhin, il y a encore une trentaine de lieues d'ici. François II demande une trêve de six mois ; à celui qui parle mal, on ne répond rien. Nous avons maintenant cent mille hommes dans les Pays-Bas, une immense artillerie nous suit, plus de trente pièces de grosses bouches à feu, telles que canons de 16, de 24 et même de 36, avec des bombes et des mortiers de gros calibre, scauront mettre bas les murailles qui voudroient nous arrêter. En vain j'essaïerois de vous peindre la joie des brabançons et la manière dont ils on reçu partout les françois, déjà à Bruxelles et à Mons et dans les autres villes sont formés des clubs d'amis de la liberté et de l'égalité, déjà des administrateurs provisoires, nommés par le peuple, gouvernent les villes et préparent l'ordre pour la nomination d'une assemblée constituante Brabançonne.

Quel pays que ces provinces, c'est un des plus fertile de la terre, de quart de lieue en quart de lieue, on trouve des villages superbes, aussi riches par leur fertilité que par leur population, des villes de la plus grande beauté, Bruxelle est aussi beau que Paris, mais il n'y a pas plus de 140 mille habitans, Louvain 80 à 100.000, Gand en a le double, etc.

Nous sommes ici très près de la Hollande, je serai bien malheureux (si nous passons nos quartiers d'hiver ici) si je ne vois pas Amsterdam qui n'est qu'à une 50e de lieues de Bruxelles.

Je suis votre fils FAVIER l'aîné.

P.-S. — Louvain n'est pas encore pris, l'ennemi se fortifie sur une haute montagne devant cette ville. Nous partirons sous peu j'espère pour aller les chasser.

A son frère, en congé à Montluçon
(Quatre lettres incomplètes)

(Cette lettre a été déchirée, la moitié manque)

Nous allons à Cannes, village à une demi lieue de Maestrick. Après-demain nous fournirons sans doute à notre tour une garde à la tranchée. Demain j'espère dormir comme à Verdun, au son du canon, Maestrick tire beaucoup, on nous a tué déjà plusieurs travailleurs, on dit les canonniers de la place assez habiles ;

mais malgré leur deffense il faudra bien avoir la ville. Plusieurs cents d'émigrés y sont renfermés ; ils seront cause d'une résistance plus longue. Je serai à portée de te donner beaucoup de détails sur ce siège important, tu peux compter sur mon exactitude.

On nous païe actuellement le tiers de nos appointemens en assignats, impossible à nous de vivre avec notre païe d'argent dans ce coquin de païs ci. L'assignat de 50 livres ne vaut toujours que 24 livres argent. Nous avons à présent une musique composée de trois clarinettes, nous en attendons une autre ; un basson, un serpent, deux cors, un cimballier, une grosse caisse et un excellent octavin. Chaque grade païe un jour de ses appointemens par mois pour sa solde. Les officiers ont païé entre eux pour 35 louis d'instrumens. Tu vas revoir Giganon, tu le prieras de te remettre douze livres en argent que je lui ai prêtées pendant sa maladie, il a son congé absolu. Moussons, du marché au bled, me doit aussi 9 livres assignats depuis Verdun. Fais des reproches à Boudard ainé de ma part, il a donc oublié que j'étois et serai toujours son ami. Favières est parti pour Montluçon, tu lui demanderas toi-même ce qu'il te doit. Tu scais qu'il me devoit aussi une somme assez considérable depuis Epernay, il ne paroit pas y songer. Derige m'a païé et je ne dois plus moi-même d'argent de jeu. Embrasse maman pour moi, tu salueras et diras bien des choses de ma part à ceux qui te demanderont de mes nouvelles.

Je suis ton frère

FAVIER l'ainé,

Officier du 1er Bat. de l'Allier

à l'Armée Belgique.

A son frère. De Lille. (Incomplète).

Tous les jours on travaille sans relache à la démolition de maisons dans le fauxbourg de Fives, à portée de canon, qui pourroient servir à l'ennemi pour placer ses batteries et faire ses retranchemens en cas de siège. On abat aussi un petit bois trop près de la ville, enfin on fait des préparatifs formidables de défense. Sans malheur de notre côté il faut à l'ennemi 100.000 hommes pour faire le siège de Lille, encore ne réussiroit-il peut-être pas. Condé n'est pas aussi bloqué qu'on l'annonçoit, Dunkerque vient d'être sommé de se rendre, mais bien loin de là ses habitans y font des retranchemens terribles. Tout les jours nous voyons arriver ici des prisonniers prussiens et hollandois. J'ose espérer que nous ferons bientôt connoissance à coup de canon avec les soldats de tous les tyrans de l'Europe ; nous avons vu dans les plaines de la Champagne, les Prussiens, Hessois et Autrichiens ; à Mastrick les Hollandois, sous peu nous allons voir ces derniers avec la fameuse colonne d'anglois arrivés à Ostende, qui n'est composé que de 4.000 hommes ; déjà le corps commendé par le duc d'Yorc est arrivé à Tournay à quatre lieues d'ici, avec quelques Hanovriens, nous les attendons avec impatience. Depuis, on nous assure ici que le jeune prince Charles a failli être fait prisonnier, sans le général Cobourg, qui ne l'a pû délivrer qu'en sacrifiant nombre des siens ; entouré par un corps de françois il étoit prisonnier. Cobourg l'a fait mettre en prison pour deux jours, voulant le punir d'une imprudence qui a beaucoup couté de sang aux Autrichiens.

Presque tous les rois de l'Europe se préparent à nous attaquer vivement, eh ! bien tant mieux, nous scaurons sans doute leur prouver que des hommes peuvent être libres, malgré les fureurs du despotisme, malgré les poignards de Marat, la réhabilitation de ce scélérat a affecté tous les bons françois. Mayence est maintenant assiégé par ce même général Kalkreut que nous avons vu commander le siège de Verdun. Je t'embrasse, sois persuadé de la sincère affection de celui qui est plus que ton frère, ton véritable ami.

FAVIER.

On dit Fretet mort. Je suis abonné à un cabinet littéraire ou je vois une vingtaine de papiers, ainsi que chez un libraire pour des livres. De Favières a depuis environ trois mois une petite galanterie, mais ce n'est rien, silentium. Georgeon en voulant séparer des officiers qui se battoient s'est enfoncé un sabre dans le pied, mais il en sera quitte pour rester huit jours sans marcher, n'en parle pas de crainte d'alarmer sa famille. Porte-toi bien, si nous restons ici en garnison je prendrai un maître d'allemand. Il est arrivé 126 recrues du département d'Indre-et-Loire pour notre bataillon.

A son Frère (Incomplète).

Dumouriez avec une partie de l'armée avoit pris un grand détour pour attaquer l'ennemi sur la droite, Miranda sur la gauche devoit faire de même et

Valence avec un corps d'élite avoit ordre de chercher à chasser l'ennemi sur le centre d'une hauteur ou il s'étoit porté. Dès le matin on avoit détaché plusieurs bataillons en tirailleurs pour chasser ceux de l'ennemi, le notre marcha vers les sept heures et demi, tout entier devant une batterie des nôtres de deux pièces de 12 et autant de 8. Peu accoutumé à ce genre de combat, M. Trochereau nous fit avancer en bataille dans des vergers, derrière des haies, desquels nous appercevions les tyroliens Autrichiens. Ils nous tirèrent plusieurs coups de fusils qui portèrent, Mignot lieutenant de la 1re compagnie fut le 1er qui fut frappé d'une balle à la tête; mais sa blessure ne sera pas dangereuse. Nous nous divisâmes bientôt, comme le doivent être les chasseurs, nous étions néanmoins dans un jardin où les balles et les boulets siffloient sur nos têtes comme la grêle. Je ne scais comment notre bataillon ne fut pas tout écrasé dans ces vergers, le feu nous prenoit de tous les côtés. Un boulet de 7 tombe au milieu de notre bataillon près des jambes d'un volontaire de la sixième assis à terre, qu'il couvre de terre et ne fait aucun mal, si non qu'il casse une bayonnette dont l'éclat va frapper un autre volontaire à la cuisse, mais ne lui effleure que la peau. Je reviens à la terrible affaire du 18 (1), le canon grondoit sur les trois points d'attaque d'une manière effroyable, le feu de Jemmapes n'étoit rien en comparaison, déjà la droite et le centre, malgré le feu terrible du canon et de la mousqueterie ennemie avoient gagné la hauteur sur laquelle il étoit posté. La colonne de gauche

(1) Le 18 mars 1793, Dumouriez, avec une armée qui manquait de tout, livra au prince de Cobourg la bataille de Nerwinde.

s'étoit presque aussi avancée sous les batteries de l'ennemi et malgré le carnage affreux qu'elles faisoient, s'étoit portée sans canons (ses batteries avoient été démontées par l'ennemi, et presque tous ses canonniers tués) dans une espèce de retranchement qui les mettoit à couvert jusqu'à la nuit qu'on attendoit avec empressement pour battre la charge et pousser vigoureusement les autrichiens, déjà deux fois les nôtres avoient repoussé la cavalerie ennemie qui les chargeoit.

. . . .

Ils ont actuellement un parc terrible et d'excellens canonniers, beaucoup d'artilleurs hollandois exercés par les officiers émigrés de notre artillerie sont aussi bon que les notres. Au siège de Mastrick et à toutes les affaires que nous avons eu ils ont fait des merveilles qui nous ont fait perdre bien des braves gens. Notre compagnie des grenadiers a eu des hommes de tués, que tu connois sans doute, mais qui ne sont pas de notre-païs, Dechaud qui y est actuellement a été trois fois renversé par le canon sans être blessé, un des premiers coups de canon de l'ennemi, renverse cinq des grenadiers du 4e bataillon de l'avant-garde ou est notre compagnie, deux des cinq sont tués, un troisième blessé dangereusement et Pallard et Dechaud couverts du sang de leurs camarades se relèvent sans aucun mal, une deuxième fois Dechaud est tout couvert de terre par les éclats d'un obus crevé près de lui sans être blessé pas plus que la troisième, chose étonnante. Je t'annoncerai la mort du malheureux Bourdier, caporal de ta compagnie qui le jour avant avoit été tué d'un coup de feu de quezerlique à la porte de Tirlemont, on l'a pleuré. Le 19, Dumouriez dès le matin avoit fait reprendre les postes qu'on avoit abandonnés la veille...

...Le feu fut effroyable, l'ennemi monta malgré nous sur notre hauteur ; mais il perdit diablement de monde par un feu de file qui dura trois heures. Nous avons perdu aussi cette journée un grand nombre d'hommes, plusieurs cents des notres ont été blessés. Juge de la force et de l'acharnement des combats qui se sont livrés depuis le premier du mois ; nous avons eu j'en réponds dix à douze mille hommes de tués ou blessés, autant se sont perdus, juge de notre diminution, l'ennemi n'a pas moins souffert que nous. Nous battons toujours en retraite, marchant la nuit, combattant le jour, bivuaquant toujours, mangeant du pain de munition, buvant de mauvaise eau, aussi malheureux enfin qu'on peut l'être. Ma lettre est déjà terriblement longue, je la cesse. Ma malle, ou sont tes effets et les miens est réellement perdue, l'ennemi a ordonné aux habitans de Liège, sous peine d'être pendus, de lui livrer les effets des françois ; ma perte est d'autant plus grande que j'avois acheptè cet hiver pour plus de quatre cent livres de linge ou hardes avec un habit neuf.

Du 28 mars à Tournay.

Je rouvre ma lettre que je n'avois pû t'envoïer parceque nos postes sont en arrière. Nous avons évacué Bruxelles la nuit du 23, le 24 nous couchâmes au-dessus de Notre Dame de Halle, le 25 et le 26 nous restames tranquilles devant Ath, assez jolie ville, autrefois pleine d'émigrés, le 27 hier, nous passames la nuit dans un bois à une lieue d'ici. Depuis ce matin nous sommes placés à la droite de Tournay ou nous allons je pense trouver sous peu nos tentes et attendre du renfort, on fortifie cette ville, aussi grande que Lille. Dumouriez va réorganiser notre armée qui en a bien besoin, nous attendons avec grande impatience nos effets de campements, l'armée seroit bientôt détruite et perdue entièrement si nous bivouaquions toujours, comme nous le faisons parmis les plus grandes fatigues depuis le premier du mois.

Le général Valence à l'affaire du 18 fut blessé de deux coups de sabre à la tête et d'un coup de lance, un général dont je ne me rappelle plus le nom y a été tué. Le général Duneuil fut blessé, l'aide de camp d'Hilaire fut tué, le cheval de ce général tué sous lui, et un grand nombre d'officiers dont je ne connois pas même le nom, l'ennemi (d'après le rapport d'un officier allemand prisonnier) désesperoit, lorsque notre armée se rompit.

A son frère. De Lille. (Incomplète).

... Pendant quinze jours nous nous battions le jour, et la nuit nous marchions, nous avons bivaqué 25 à 26 jours de suite par un froid excessif, à peine ayant du pain et buvant de l'eau que nous trouvions dans les fossés. Je n'aimais pas le vin autrefois, mais tu aurais ri si tu m'avais vu le 5 et le 6 et le 17 et le 18 sortir de ma poche un flacon de mauvais vin que j'avois achepté horriblement cher, dans des villages ou je n'allois pas sans m'exposer, et en boire, je te jure avec bien du plaisir, je n'aurais pas donné ces jours-la, ma bouteille pour un louis d'or. Je me suis très bien porté pendant toute cette retraite, j'ai demeuré avec la même chemise, pendant 32 jours, juge de notre misère ! En sortant de Bruxelles nous avions passé trois jours et trois nuits sans dormir, nous marchions comiquement, nos têtes suivoient en se courbant le mouvement de nos pieds et quelques uns tomboient de fatigue, mais aucun ne manquoient de courage, il n'y a que la nation françoise qui soit capable d'autant d'énergie.

.... Je t'ai écrit trois lettres qui te donneront les détails de toutes les affaires ou le bataillon s'est trouvé, j'écrivois presque sur le champ de bataille, je ne cherchois point à y mettre de beauté de style, je t'écrivois des faits, tu dois les avoir reçues; la première datée de Liège, une de Louvain, une de Bruxelles et la dernière de Tournay. Je n'ai rien pu sauver de tous mes effets, je suis ruiné, que faire à cela, je ne m'en plains point. Nous sommes ici en garnison jusqu'à nouvel ordre, mais tout est énormément cher. La viande se vend 18 sous. On me donne 10 livres par mois pour ma chambre, et j'en paie 30, encore suis-je un des plus mal; heureux encore de pouvoir en trouver. Lille est une ville du premier ordre, plus grande que celles que tu as vu jusqu'à présent après Paris. Les fortifications sont formidables et il faut une armée de cent mille hommes pour en faire le siège en règle. La salle de comédie est superbe, mais la troupe mauvaise pour la ville. Les commandants de la ville sont déjà très contens de la manière dont notre bataillon fait son service. Notre musique est complette. Nous avons aussi deux pièces de canon pour faire danser la carmagnole à l'ennemi. Je suis abonné pour des livres à un libraire.

Dumouriez ne nous a débauché que quelques officiers ou hussards, l'armée est intacte et se dispose à aller contre l'ennemi, qui, a ce qu'on m'a dit hier, a éprouvé une perte de quelques cent hommes auprès de Condé, par les inondations. Toutes les villes de cette frontière sont en état de se deffendre contre sièges en règle, nous n'avons plus rien à craindre de ce côté. J'embrasse maman et toi.

FAVIER,
Armée du Nord.

Favières est retourné ici.

A Lille, département du Nord. Le 5 avril, l'an 1er de la Rép. françoise.

Ma chère maman,

Des complots affreux viennent de se dévoiler à nos yeux, qui l'auroit jamais cru ? les idoles des nations ne sont donc que des fourbes ? à qui se fier actuellement, ce Dumouriez que la république françoise regardoit comme son sauveur, lève le masque. Je n'en doute plus maintenant, nos défaites, l'indiscipline qui régnoit dans notre armée, le désordre, le pillage le plus affreux, la terreur panique qui faisoit fuir nos soldats ; les révoltes de l'intérieur, tous nos malheurs enfin n'ont été provoqués que par lui, il est plus coupable cent fois que Lafayette, au moins ce dernier ne se démentit jamais, il arrêta les commissaires de l'Assemblée Nationale, mais il ne les livra pas à nos ennemis, horreur dont on n'a pas d'exemple. Le jour de Pasques nous évacuâmes Tournay, toute l'armée se plaça derrière des inondations, depuis Maulde jusqu'aux environs de Valenciennes. Le premier d'Avril, un bataillon d'Angoulême 34e régiment d'infanterie, le 21e et le 7e bataillons des fédérés et le notre reçurent ordre de partir à deux heures du matin, pour se rendre dans la journée à Lille et y tenir garnison jusqu'à nouvel ordre, nous trouvâmes en route près d'Orchies le ministre de la guerre Beurnonville, envoyé avec quatre commissaires à l'armée, pour notifier à Dumouriez le décret qui le mandoit à la barre.

Le soir nous arrivâmes à Lille extrêmement fatigués, jugez de notre surprise lorsque le lendemain nous apprimes l'arrestation des Commissaires et de Beurnonville et leur translation à l'abbaye de St-Martin à Tournay, nous tombions des nues.

Le général Mesinski arriva l'après diner à Lille, escorté de cent de ses hussards des Ardennes. Le général Duval qui commandoit la place ne voulut décacheter les lettres dont il était porteur, qu'en présence de la municipalité et des corps administratifs. On lut ses lettres signés Dumouriez par lesquelles il ordonnoit au commandant de la place, d'obéir à Mesinski, qui lui même avoit ordre de faire entrer six mille hommes qu'il commandoit pour arrêter les commissaires nationaux qui se trouvoient à Lille, les païeurs généraux, les administrateurs et les conduire de suite à Orchies, sous bonne garde ; il lui étoit aussi ordonné de s'emparer de la citadelle, des arsenaux et du thrésor. La ville refusa aussitôt l'entrée à ses troupes, mit en état d'arrestation Mesinski et son aide de camp et fit désarmer son escorte. De suite on fit braquer sur les remparts toutes les grosses pièces du parc d'artillerie de siège arrivées à Lille de la Belgique ; les portes furent fermées et on se mit en état de deffense. La ville est très approvisionné, les fortifications sont dans un état de deffense formidable et les troupes qui se trouvent ici, bien disposés à se battre. On laisse entrer tous les soldats qui se présentent aux portes ; mais aucun ne sort. Valenciennes a de même, fait arrêter les hommes suspects et s'est mis en état de deffense, les commissaires de la Convention Nationale dans cette ville, ont par une proclamation, suspendu Dumouriez de toutes ses fonctions, deffendu à tout françois de lui obéir et donné ordre de l'arrêter si on peut. Douay, St-Omer, Dunkerque sont dans le même sentiment et contre l'attente de Dumouriez toutes les villes de la frontière ont refusés d'ouvrir leurs portes. Son armée est abusé sans doute il la fait agir comme il veut, en interceptant toutes les nouvelles qui doivent lui parvenir de la France, mais je suis sure qu'il ne faudroit qu'un instant pour la ramener aux bons principes. Il a, nous assure-t-on, rapproché les bataillons dans lesquels il avoit le plus de confiance, des villes qui lui étoient le plus nécessaires ; nous sommes de ce nombre, mais il s'est étrangement trompé sur notre compte ; il ne s'est surement pas rappelé de l'accueil que nous fimes à Lafayette, l'an dernier, quand il parla de désobéir aux authorités constitués, nous lui résistâmes. La France entière s'unira contre ceux qui parleront d'un roy. La troupe de ligne et la cavalerie sont du sentiment de Dumouriez, mais ils seront éclairés, et le plus grand nombre, il faut l'espérer, rentrera dans le devoir. Il y a même eu des volontaires assez vils pour le soutenir, cela n'est pas étonnant, n'a-t-on pas exprès fait entrer dans nos bataillons, un tas de scélérats qui sont la cause de ce désordre. J'apprends à l'instant que la moitié de l'armée a tourné le dos à Dumouriez. Ce qui nous fait le plus de peine, c'est la familiarité qui règne actuellement avec les Autrichiens, des françois ne craignent pas de boire avec leurs ennemis, il est vrai qu'il existoit une trève, deffense étoit faite, sous peine de mort, à tous françois de mettre le pied sur le terrein ennemi et à l'ennemi sur le territoire françois.

Je viens de lire un discours du général Dampierre à la garnison du Quesnoy, il lui parle en vrai républicain. Le Veneur n'a pas voulu non plus tremper dans le projet. Nous sommes dans une crise terrible. Le colonel de mon bataillon me charge d'ordonner à Ragonière de rejoindre ; on vouloit nommer à sa place. Qu'il parte incessament ou qu'il envoi des certificats qui prouvent que cela lui est impossible. Lille est une ville du premier ordre en tous genre, ses habitans se disposent à soutenir un nouveau siège.

Je vous embrasse. FAVIER l'ainé,

Off. du bat. de l'Allier.

P.-S. — La cherté de tout est ici exorbitante, la viande 18 sous la livre, la ville est pleine de monde. Je salue toutes mes connoissances. Il y a longtemps que je n'ai reçu de lettres de vous et de mon frère.

A Lille

Ma chère maman,

Un de mes camarades, le cytoïen Mignot, lieutenant de la 1re Cie de mon bataillon, blessé à l'affaire de Nerwinde le 18 mars, retourne au païs. J'ai eu besoin d'argent, il m'a prêté cent livres en assignats, j'espère que vous voudrez bien lui faire remettre ce que je lui dois sur la remise du billet qu'il a de moi.

Le général Dampierre qui commande l'armée, ne nous laissera pas en garnison, attendu que notre bataillon est actuellement un des premiers de ceux qui font la guerre depuis qu'elle est déclarée. Soyez tranquille, le traitre Dumouriez s'est vu abandonné de toute l'armée et obligé de fuir à la nage pour sauver ses jours, il ne nous a débauché que trois ou quatre cent hommes, dont la majeure partie composé d'officiers royalistes. L'armée est déjà réunie en partie par Dampierre, toutes les places sont en état de deffenses.

Je n'aurai donc pas le plaisir de voir Boudard et Cartier voler au secours de leur patrie.

Un décret de la Convention Nationale met tous nos parens en otages, soyez tranquille de mon côté, j'abhorre le trouble et l'anarchie, mais je périrai pour la République, je vous le jure, l'honneur et la patrie seront toujours la règle de ma conduite. Je vous embrasse.

Recevez l'assurance de l'attachement de votre fils,

FAVIER l'aîné,

Off. au 1er Baton de l'Allier, Armée du Nord.

7

A Lille, dép. du Nord, le 27 avril 1793, l'an 1er de la Rép. françoise.

Mon cher frère,

Coulhon, ton capitaine, absent du corps par maladie depuis la fin de février nous est venu rejoindre de Valenciennes, cette ville se prépare à soutenir un siège que l'ennemi n'achevera pas aisement. Coulhon a reçu ton paquet, il en a parlé avec moi au citoïen Trochereau qui m'a paru en être content. On ne nommera pas à ta place, mais jusqu'a présent il ne veut point entendre parler de congé absolu, à moins que tu ne mette un homme à ta place, ce qu'il ne peut pas exiger cependant d'après tes certificats. Les affaires sont si embrouillés actuellement que ni les généraux, ni le conseil d'administration de notre corps ne voudroient prendre sur eux de signer un congé absolu. Lorsque Poterlé, aussi absent du corps, aura rejoint, je ferai faire tes décomptes, ton capitaine lui ayant délivré une partie des fonds et lui n'ayant voulu me les remettre que d'après le vu de tes billets d'hôpitaux.

Notre conseil vient d'être renommé, il est encore composé quant aux grades d'officiers des plus sots de nous *Nullis triomphum*, nous en avons maintenant de si drolement faits, un Dupont cy-devant sergent-major est capitaine et trois ou quatre autres de la même trempe sont aussi officiers. Grâce à Dieu, voilà notre mode d'élection changé, j'aurois du moins l'espérance d'avancer, quand bien même les autres chefs de ma compagnie ne quitteroient pas. La moitié des volontaires n'ayant pas de chapeaux, on a donné à tout le bataillon des casques, à peu près comme ceux de Royal Vaisseaux ; ils se trouvoient dans les magasins de Lille. Nouvelle dépense pour nous dont nous n'avions pas besoin ; je viens d'en marchander un, on en veut cent livres, et il n'est pas le plus beau de ceux que j'ai vus.

Qu'ai-je fait aux mauvais sujets qui par lâcheté plustôt que par maladie ont quitté le bataillon pour retourner dans leurs foyers. Tu me dis qu'ils ont fait courir le bruit que j'avois perdu à Liège 1800 livres que j'avois emprunté, fut-ce vrai que leur importe, croiroient-ils me faire fouetter par ma mère. Il est vrai que j'ai joué très malheureusement à Liège. Pendant le premier mois de notre séjour dans cette ville, il s'étoit établi cinq à six banques de 31 Rouge et Noire, de plusieurs cent Louis chacunes, j'y ai joué comme les autres officiers du bataillon, Trochereau y a perdu au moins 400 louis d'or, Dumousseau y a gagné 10.000 livres argent, Peron perdu 2000 livres, Georgeon y perdoit dans un temps 1000 écus ; mais sur la fin s'est relevé. Artaud qui ne jouoit jamais s'y est enfilé pour une cinquantaine de Louis. Je jouois un jeu bien inférieur aux autres, ce qui ne m'a pas empêché d'y perdre environ 500 livres en assignats, tant j'étois malheureux ; mais je les avois dans ce temps à moi, le quartier maitre m'avoit donné 200 livres sur mes fourrages, Derigo m'avoit païé et tu scais que je touchai en arrivant de l'hôpital deux mois de mes appointemens en argent, ce qui me faisait si riche. J'avois achepté aussi à Liège pour plus de quinze louis d'affaires, mais que malheureusement je perds en entier par l'abandon de ma malle, si j'ai emprunté ce n'est que depuis et ici, pour me refaire un habit, du linge, enfin l'indispensable, encore ne dois-je que 300 livres en assignats, qui me sont dûs d'arriéré sur mes fourrages qui ne nous ont pas encore été payés. Tu vois par le récit que je te fais que ce qu'on t'a dit est faux, je te parle comme à mon ami le plus intime. Tout est ici actuellement extraordinairement cher, je païe 80 livres par mois pour ma nourriture et je n'ai, avec huit autres, que le bouilli et deux entrées. J'ai commandé une paire de bottes, le moindre prix c'est 50 livres.

Notre bataillon est aimé ici, il fait un service cruel, sur cinq nuits il en passe deux au corps de garde, Trochereau nous tient parfaitement, il n'y a pas de troupes de ligne qui soient mieux en ordre, la moindre faute punie des arrêts ou de la prison, puissent tous les carmagnols être aussi disciplinés. Mignot m'a prêté un assignat de cent livres, il est parti pour Moulins, je lui ai donné un billet à ordre que je prie madame Favier de lui payer à vue.

Montluçon, 12 vendémiaire,
4e année républicaine.

Mon cher ami (1),

J'ai été fort surpris en arrivant au corps de t'en

(1) Gilbert Favier ayant été prisonnier pendant deux années environ, en Angleterre, annonce son retour à son frère, qui à la suite d'une blessure à la main, est entré dans l'intendance Il est préposé aux vivres à Tournay.

trouver absent, je suis charmé que tu ai quitté Coulhon, vous ne pouviez pas vous accorder, tu seras beaucoup plus heureux. Mais prends garde à ta comptabilité, mets toujours de l'ordre dans tes comptes, car il est si dangereux d'avoir une recette et des marchés considérables à faire. Je te connois trop pour croire que comme mille malheureux tu voudrois t'enrichir aux dépens de ton païs.

Je débarquai à Calais, ce n'étoit pas très loin de toi, mais je l'ignorois, sans quoi j'aurois été te voir. Je rejoignis la demi-Brigade qui est actuellement à Chalant, dép. de la Vendée ; je pris possession de ma place et obtint un congé de trois décades, d'après la dernière loi sur les congés que tu connois. Je suis actuellement à Montluçon, j'ai été fort bien reçu par tout le monde et le lendemain de mon arrivée j'ai diné chez le citoïen Jaladon et j'ai été faire la partie avec les dames de sa société, partout on m'accueil avec la plus grande honnêteté. Je te fais les compliments de la part de cette maison et de deux de nos cousines qui sont chez nous, Madame Augustin (1) la religieuse et la jeune a La Martine qui demeuroit chez mon oncle, à Moulins, lorsque nous y étions.

Tu dois avoir trouvé une paire d'épaulettes dans mon porte-manteau, mets les dans un paquet et envoi les moi de suite par la poste. Si tu pouvais me procurer du drap bleu ou tu es, tu me ferois plaisir, ainsi que m'envoïer par les diligences mon petit porte manteau, je te donnerai des renseignements sur ma

(1) Anne Bonnet, dite St-Augustin née à Neuilly le 24 décembre 1763, fut reçue religieuse au couvent des Bernardines de Montluçon le 8 juin 1789.

malle qui est à Liège. Si tu vas à Lille achète moi une épée propre, je n'en puis trouver ici. J'attends avec impatience de tes nouvelles, je suis ton frère.

FAVIER,

Lieutenant au 3e bataillon de la demi-brigade de l'Allier.

Je n'ai pas perdu mon temps dans ma captivité, je suis plus fort dans la langue angloise, que j'ai appris par principes, que je ne l'étois dans le latin, j'ai aussi un peu cultivé l'allemand, j'ai fait des amis, j'ai étudié une nation.

Montluçon, 30 vendémiaire,
l'an 4e de la Rép. françoise.

J'ai reçu ta lettre et l'envoi que tu me fais, je te suis obligé ; mais je te prie de ne pas te gêner. On n'a presque pas fait de vin dans tout notre canton cette année, nous ne faisons à Couraud que quinze pièces de vin dans les deux vignobles et une dans celui de Montluçon. Le vin vaut ici très cher. Nous avons affermé l'autre jour Ragonière à un Petitjean qui a épousé la Thibaud du Brethon, il étoit ton camarade d'école je crois, il païera cette ferme bien cher, il doit donner à ma mère cent écus en or et six septiers de grains rendus conduits à Montluçon chaque année, de plus faire raccommoder la grange à ses dépens et païer aussi toutes les impositions qui pourront être mises sur ce domaine sans nous en demander rien.

Je n'ai plus qu'un mois à rester ici, après mon

débarquement d'Angleterre à Calais, qui n'est qu'à une vingtaine de lieues de Tournay, (mais je ne te savais pas emploïé dans cet endroit) je rejoignis notre demi-brigade qui étoit alors à Chalant, dép[t] de la Vendée, armée de l'Ouest. Je restai quatre jours avec mes camarades, et la lòi qui accorde un congé pour trois décades, sans compter l'allée et la venue, à un officier sur vingt et deux soldats sur dix, s'exécutant alors, j'obtins un congé au-dessus du nombre et je partis pour Montluçon.

Je suis lieutenant dans la 5e compagnie du 3e bataillon de la demi-brigade, nous ne sommes que trois officiers de l'Allier dans ce bataillon et tous trois sont dans la même compagnie ; scavoir Quichon, moi et Baptaudier, juge combien je dois être heureux avec ces deux individus, nous sommes tous trois absens du corps, Quichon sous prétexte de maladie est dans le département depuis un an et Baptaudier et moi nous sommes en congé. Fais moi donc le plaisir de m'écrire si tu as reçu l'argent qui me revenoit de mes fourrages au corps, dans le temps ou je fus pris. Si tu as outre cela, païé ma dette à Souchard ainsi que mes petites dettes au corps, et si tu as sauvé tous mes effets, quant à ceux que nous avions à Liège, menace la femme chez qui ils étoient, parce que j'ai des lettres d'elle qui m'annonçoient, dans le temps que j'étois prisonnier à Gand, que rien n'avoit été perdu. Informe toi, s'il est possible, sans que cela coute extrêmement cher, de mettre mon petit portemanteau dans la malle du courrier, car plusieurs effets que j'y avois me seroient très nécessaire, tu doit trouver mes épaulettes neuves, celles que tu m'avois apporté de Paris, dans mon porte manteau, ainsi que ma clarinette, mes livres, mon chapeau, mon épée, etc. Je suis très bien reçu dans la société de M. Jaladon, qui te fait ses compliments, je fais tous les soirs ma partie de reversi avec sa femme, chez madame Guérin ou madame Grosbot, ou se rendent aussi le capitaine de gendarmerie et sa femme, mademoiselle Fourneau, les Baduel, les Dumont, etc.

Mes deux cousines t'embrassent aussi, la Mimi à La Martine est toujours charmante et extrêmement aimable, j'ose espérer qu'elle passera l'hiver avec ma mère, mais je crains fort qu'elle ne s'ennuie, je donnerois tout pour lui procurer tous les amusemens qui peuvent faire plaisir à une jeune personne de son âge, Madame St-Augustin est toujours occupée à tourmenter le bon Dieu.

Je t'embrasse. Ton frère, FAVIER.

Bourges, 10 frimaire, l'an 4e.

Mon cher ami,

J'ai reçu avec bien de la reconnoissance, mon brevet, les quittances que tu m'envoie, le présent pour la Mimi, et ce que tu avois mis dans ta lettre pour moi. Me voilà de nouveau reparti pour rejoindre mon corps. J'ai envoyé à Cambray six louis et six livres quatre sous à un capitaine d'hussard qui me les prêta en sortant d'Angleterre, si tu le vois je te prie de le remercier de ma part, il se nomme Le Sueur, il est dans le 6e Rég[t].

On m'a bien accueilli à Montluçon, j'ai joué pendant longtemps contre le prieur (1), frère de Jaladon, et l'ai toujours gagné, quoiqu'il soit assez fort, j'ai environ deux mille francs de son argent. Je suis actuellement entièrement guéri du jeu, je ne joue plus du tout dans les cafés, et je ne puis pas concevoir à présent comment j'ai été assez fou pour perdre autrefois beaucoup d'argent. Les deux Fauvre dont tu me demande des nouvelles étoient aux armées, l'ainé qui servoit dans l'armée du Rhin est mort dans les hôpitaux, le cadet est caporal dans le 3e bataillon de notre dépt. Clavelle est dragon dans l'armée de la Mozelle. Tu me dis que tu écriras à Chauchard, tu ne scais donc pas qu'il a été tué en arrivant dans la Vendée, auprès de Laval. Les brigands du premier coup coupèrent en deux son plumet, du second lui traversèrent la tête. Mignot fut aussi blessé ce jour-là. On te demande bien ce que je devois, mais Mignot ne te donna pas ce qu'il me devoit.

Je t'écris de chez le cousin Berry de Bourges ou je passe un jour avec plaisir, si tu pouvois lui faire passer par la diligence une dixaine de livres de tabac, du meilleur, tu les obligerois et ils t'enverroient ton argent. Porte-toi bien et ne manque pas d'écrire très souvent à ton frère.

FAVIER.

---

(1) Il est probable qu'il veut parler de Joseph Jaladon, curé de Désertines, qui décéda en l'an X à Marcillat, où son frère avait été notaire.

Saumur, 20 frimaire, l'an 4e de la République.

Je t'écris en rejoignant, me voilà déjà bien éloigné mon cher ami, de la maison paternelle. J'avois promis à nos demoiselles de les faire danser avant mon départ, on danse souvent dans notre païs, à deux de ces danses on me donna le bouquet, je l'offris les deux fois à Mlle Raby qui me refusa, ce qui fut cause que je ne donnai pas à danser. J'avois oublié de te dire que notre tante de Pionsaq te faisoit bien ses complimens ; on est toujours à Pionsaq fanatique au dernier point, Rougier en est maire et se comporte toujours très bien.

J'ai à te prier de vouloir t'informer à Tournay même à l'hôpital militaire, appartenant alors aux autrichiens, de la mort d'un nommé Le Mor, sergent du 2e bat. de Loir-et-Cher qui occupoit Hem lorsque nous étions à Flers, ce jeune homme est mort dit-on dans les hôpitaux de Tournay dans le courant des mois de 9bre ou 10bre 1793, sa famille te seroit obligée si tu pouvois découvrir son acte mortuaire et l'envoyer au citoyen Le Mor fils md à Romorantin. Si tu ne peux l'avoir écris lui toujours les raisons de ton impuissance à le trouver, je t'envoie la note qu'ils m'ont donnée. J'ai été logé dans cette famille et supérieurement reçu.

Chabot et Chevalier sont de retour, Chabot avoit été renommé, mais n'a pas voulu accepter, n'étant que le premier suppléant, on dit qu'il espère être commissaire du pouvoir exécutif à Montluçon. Coulhon ton ci-devant lieutenant, devenu capitaine de grenadiers a obtenu sa démission et se retire dans ses foyers, Durand ton caporal est maintenant sous-lieutenant de grenadiers. Prends-t-on mieux les assignats ou tu es qu'ici, un écu vaut 1200 livres dans les environs de la Vendée et même déjà on n'en veut plus du tout.

Je t'embrasse, écris moi donc au plus tard tous les huit jours, tu en as, je crois le temps, ton frère,

FAVIER,

L[t] au 3e bataillon, demi-brigade de l'Allier,
Armée des Côtes de Brest, par Nantes.

Au château Brulé de la Rabaltière,
le 1er pluviose, l'an 4e.

Pourquoi depuis deux mois n'ai-je pas reçu de tes nouvelles? ne serois-tu plus à Tournay, ou aurois-tu fait quelques courses dans les environs? je ne veux point t'accuser de négligence mon ami, répare donc ton manque de m'écrire et qu'au moins je reçoive de toi une lettre tous les quinze jours. Je suis arrivé de Montluçon avec mon sac sur le dos, si nous avions quelques semaines de repos dans une ville, je pourrois avoir besoin de mon porte-manteau, veuille donc me le mettre aux diligences, adresse le à la citoyenne veuve Dorin, rue de Grétry, n° 2, maison Birton, à Nantes, pour le c. Favier. Tu me feras plaisir de me l'envoyer de suite, tu garderas ma couverture, tu en feras ce que tu voudras, ici elle me seroit absolument inutile ne pouvant la porter. Nous n'avons point de fourgon pour les officiers, ni même pour l'état-major.

Les officiers de l'état-major, portent leurs paquets sur leurs chevaux et les autres ont le sac sur le dos comme les soldats. N'oublie pas ma clarinette, mes livres et mon manteau, tu me rendras bien service, mes épaulettes devoient être dans le porte-manteau ; en vain tu écrivois à Chauchard pour les ravoir puisque l'infortuné a été tué en passant dans les chouans avec la demie-Brigade.

Nous avons aussi perdu, il y a un mois et demi un bon camarade, Favières (1), lieutenant commandant les tirailleurs fut pris le 12 de Frimaire par un chef de division brigand, appelé Herzo, il s'étoit exposé à faire une demie lieue seul. Quatre jours après le chef de division de Charette vint déposer ses armes et se rendre, on lui demanda ce qu'étoit devenu l'officier qu'il avoit pris, il répondit qu'à son insu, sa cavalerie l'avoit massacré. Ce scélérat a depuis rejoint Charette parce qu'il prévoyoit bien que notre demi-brigade ne lui pardonneroit point la mort d'un de ses officiers les plus braves. Le père Favières, nous écrit-on, est inconsolable.

Tous les jours nous poursuivons Charette, il est actuellement aux abois, deux compagnies peuvent parcourir toute la Vendée. Il y a cinq jours la 107e demi-brigade, peu nombreuse, poursuivit tellement Charette qu'on lui tua son frère, on lui prit 50 chevaux et le chef de cette demi-Brigade étoit si près de ce chef des brigands, qu'il put donner un coup de sabre à son cheval qui sauta un fossé, que le chef

(1) Gilbert Roch de Favières, né à Montluçon le 25 juillet 1771, était le fils unique de Jean-François de Favières, président de l'Election puis maire de Montluçon, et de Marie Méthénier de Bussière.

républicain ne put faire sauter à son cheval ce qui sauva Charette, à qui l'on crioit rends toi ! ; il repondit que si on le prenoit on pouvoit le tuer. Charette ne se fie pas à nous, parce qu'il y a environ deux mois nous fimes fusiller sept de ses chefs parmi lesquels étoit le chevalier Le Coëtus son commendant en second de l'armée. Ce général en chef de l'armée royaliste vouloit passer dans le païs de Stoflet, qui est très tranquille, il y a environ quinze jours, le général Beauregard qui l'attendoit au pont de la Sèvre, le battit complètement et le mit en grande déroute. Je peux t'assurer d'après des rapports certains que Charette n'a pas maintenant cent hommes avec lui. La guerre de la Vendée peut être regardée comme finie, cependant nous souffrons comme des malheureux, nous sommes presque toujours sans pain, sans païe, sans habits, dans des chemins affreux. Couturier est capitaine au 3e bataillon.

Je t'embrasse,

FAVIER.

Au grand Luc, le 10 Ventose,
l'an 4e de la République.

Je te croïois mort, j'ai enfin reçu de tes nouvelles, tu dois cependant avoir le temps d'écrire, j'espère que désormais tu me donneras plus exactement de tes nouvelles. Parle moi donc dorénavant de la Belgique et des mouvemens de nos armées, dont tu es plus près que moi. Nous sommes bien misérables maintenant, nous vivons aux dépens d'un païs entièrement ruiné et par les brigands et par les republicains qui ont passé avant nous, juge si nous devons être bien, nous sommes souvent des cinq et six jours sans pain et sans viande ; les huit livres en numéraire de supplément à notre solde, ne nous ont pas été païées depuis quatre mois, les soldats qu'on ne peut empêcher de piller parce qu'ils n'ont pas souvent de distributions, commettent des excès inouis. Si la république ne paie pas davantage les troupes je ne conçois plus comment on pourra les contenir. Il est cruel pour un homme sensible d'être témoin d'horreurs qu'il ne peut réprimer, puisque si l'on n'enlevoit au païsans ses vivres l'on mourroit de faim. Pas une seule maison qui soit à l'abri des injures de l'air, les républicains féroces du temps de Robespierre, ont tout brulé, tout détruit. La guerre de la Vendée ne nous est cruelle que par ces privations, nous ne trouvons que peu d'ennemis. Quand je te disois la Vendée finie, je ne me trompois pas beaucoup, Charette n'avoit plus alors que cent hommes de cavalerie avec lui. Ce chef de brigands a de nouveau amusé notre général, nous croïons tout fini, Charette devoit passer avec une escorte en Angleterre, mais les brigands ont profité du délai qu'on leur a donné mal à propos, pour se refaire et ont voulu recommencer ; mais le lendemain, l'adjudant général Travaux les a joint et leur a tué les deux tiers de leur monde, l'autre jour encore Charette réunit trois paroisses, les seules qui voulurent s'élever de nouveau. Sur 400 païsans, on leur en tua 250, juge actuellement de leur force. Dix chefs de Charette : Guérin, Lecouvreur, Laroberie, Zezeau, etc., etc., se sont rendus il y a quatre à cinq jours, on les a envoyés à Nantes. Il reste peut être à Charette une trentaine de cavaliers, et les païsans ennuiés de la guerre cherchent à s'en défaire, je crois que l'on peut dire cette guerre à peu près finie. Le fameux Stoflet fut pris il y a quinze jours par ses aides de camp et livré, il est peut-être fusillé, il ne reste plus maintenant que les Chouans qui de l'autre côté de la Loire, courent encore les nuits ; mais déjà plusieurs de leurs paroisses ont rendu les armes et j'espère qu'on forcera bientôt les autres à en faire autant.

Ton frère FAVIER.

P. S. Ecris moi et met tes lettres à la poste de l'armée afin que je les païe en assignats. Ta dernière à la poste des bourgeois me couta vingt sous en numéraire.

Au Lyon d'Angers, le 9 Germinal, l'an 4e*.*

Depuis quinze jours nous avons quitté la Vendée, et Charette quelques jours après notre départ fut pris dans le canton que nous occupions. L'adjudant général Travaux s'est enfin emparé de ce chef de brigand si dangereux et qui nous a fait tant de mal. On l'a conduit à Angers, de là à Nantes ou surement il a été fusillé. La Vendée peut donc être regardé comme tranquille, mais les chouans font beaucoup de ravages. Après une route de douze jours sans nous arrêter, pendant laquelle nous avons reçu trois ou quatre contre ordres, nous voila établis dans les chouans du côté de Laval, hier un détachement de neuf cent hommes de la demi brigade, s'est battu avec eux et les a mis en grande déroute, nous leur avons tué une soixantaine d'hommes, nous avons eu quatre hommes tués et une dixaine de blessés, les mêmes chouans avoient tué il y a quinze jours un général Henry et avoient abymé deux ou trois détachemens, il y a beaucoup d'émigrés parmi eux et ils paroissent organisés, mais si l'on veut ils ne seront pas dangereux. Notre état est maintenant le plus affreux, le plus désagréable, méprisé presque partout ou nous passons, sans argent, sans habits, la misérable païe que nous doit la république ne nous étant pas païé depuis cinq mois, nous sommes tous bien malheureux. Depuis une quinzaine je suis presque alité, il faut cependant courrir tout de même, qu'aller faire aux hopitaux ou l'officier est aussi mal traité que le volontaire. Je t'écris à la hâte, fais moi l'amitié de me répondre tout de suite.

Je t'embrasse, ton frère FAVIER,

Lieutenant au 3e Bataillon, demi Brigade de l'Allier
Armée de l'Océan par Angers.

A l'hopital d'Angers, le 17 Floréal, l'an 4e

Tu seras peut-être étonné, mon cher ami, de ce que je ne t'ai pas répondu plustôt, je ne viens que de recevoir ta dernière lettre, nos courses dans les païs infestés de Chouans, notre éloignement des villes, nos fatigues continuelles dans les campagnes que nous parcourons pour en enlever les grains, de crainte qu'ils ne servent aux chouans, tout et surtout notre changement de division à quarante lieues de distance de la division

5 mai 1794.

Brigade de l'allier — 2ème Bataillon — Compagnie des grenadiers

Nous grenadiers du deuxieme bataillon de la ditte demie brigade certifions a tous ceux quil appartiendra que le citoyen gilbert amable favier natif de montlucon departement de l'allier premier sergent des grenadiers dans le 1er bataillon de l'allier depuis le sept octobre 1791. epoque de la formation et depuis l'amalgame dans le 2ème bataillon de la demie brigade de l'allier a été blessé a la main gauche d'un coup de feu étant présent a sa compagnie a l'affaire qui a eut lieux le vingt huit floréal 1794. a l'armée du nord, ~~au~~ ~~mont~~ de moucron près tourcoing dept du nord, ou il s'est comporté avec honneur et distinction et avons signé le présent certificat a lile le quinze ventose 4ème année républicaine une et indivisible

(en marge : 2ème année de la République)

Desrigaud lieutenant, Jalieu s. e., Grenisjean sergent des gr., Bouard, Cauvet, Tranquillon fourrier, Sergent d. grenadiers, Moyer caporal, Moreau caporal, ...

Certificat pour Gilbert-Amable Favier, signé par les Grenadiers de sa Compagnie.

de l'Ouest, a empêché nos vagmestres de nous suivre, ce qui a retardé de beaucoup la réception de nos lettres. Je craignois le malheur qui t'est arrivé, cependant j'esperois que tu ne serois pas déplacé, d'abord à cause de ta blessure, en second lieu puisque tu servois avant la guerre, en troisième lieu parceque n'étant que deux frères, et au service de leur païs, sans y être appelé que par leur patriotisme, on ne pouvoit te faire un crime d'être entré dans la place que tu occupois. N'étant pas au corps dans ce moment, je viens de faire passer à Couturier, membre de notre conseil, un modèle de certificat de la blessure et de duplicata du congé qui t'avoit été expédié en Hollande, j'ai prié Couturier de le faire signer sur le champ par les membres du grand conseil et d'y faire apposer le cachet du corps. Ce congé avec le certificat de blessure pourront t'être utiles, ce n'est pas un congé absolu, il est seulement fondé sur la réquisition qu'on avoit fait de toi à Lille. Me voilà malade et sans le sou comme presque tous les officiers de l'armée, depuis que je suis revenu de la maison, depuis plus de six mois, j'ai eu le temps de vider ma bourse, nous nous attendions toujours que le gouvernement nous donneroit une solde respectable, jusqu'à présent il nous a laissé dans la misère, personne de nous, n'a reçu seulement l'habillement qu'on nous avoit promis. Ecris donc plus souvent à ton ami ton frère FAVIER.

Vire, 24 Messidor, An 4.

Quoique un des corps les plus nombreux de l'armée, nous allons être encadrés avec sept autres bataillons pour former une $\frac{1}{2}$ Brigade. Le 1er bataillon du 8e régiment, la 40e demi Brigade, le 3e bataillon de notre département, un de ceux de la Gironde doivent être unis avec nous. Quelqu'ancien que je sois dans mon grade je serai surement surnuméraire et j'aurois par conséquent le droit de me retirer chez moi sans paie, mon rang courant toujours, jusqu'à ce que mon tour arrive d'être en pied. J'espère par conséquent être chez nous sous trois mois.

Je suis enfin parvenu à avoir le certificat que tu demandois de ta compagnie, le conseil a légalisé ton certificat et le chirurgien major l'a aussi approuvé, j'espère qu'il pourra te servir. La guerre des chouans est entièrement finie, parle moi donc des armées qui t'avoisinent. Notre demi brigade se fait remarquer partout par son énergie et sa bonne conduite.

Je t'embrasse de tout mon cœur, ton frère

FAVIER

L^t^ à la 1/2 Brigade de l'Allier, Armée de l'Océan, division de l'Est, actuellement à Vire, dép^t^ du Calvados.

Pontorson, 11 fructidor, an 4.

Je reçois dans le moment ta lettre, elle est restée longtemps en route, j'étois absent de mon corps, voilà la raison de son retard. Je suis charmé que tu aïe ton congé absolu, je t'ai fait passer le certificat que tu m'avois demandé, tu as dû le recevoir il y a plus d'un mois, je serois content de scavoir s'il t'est parvenu.

J'attends l'organisation avec impatience, les troupes se réunissent déjà, notre demi-Brigade qui fera partie de la 27e doit occuper provisoirement le terrein entre Brest et St-Brieuc ; nos deux 1ers Bataillons sont déjà partis pour cet emplacement, notre départ est retardé jusqu'a ce qu'un bataillon vienne nous relever.

Je n'ai plus pour tout bagage qu'un sac de soldat, mes effets que tu avois mis avec ceux de Chauchard sont perdus. Je te souhaite bien plus de bonheur que n'en a éprouvé ton frère,

FAVIER,

Lt du 3e bataillon, demie-brigade de l'Allier, armée de l'Océan, division de l'Est par Avranches, dépt de la Manche.

Besançon, 7 nivose, an 7.

Après une route très désagréable (nous avons beaucoup souffert du froid et des mauvais chemins) nous sommes arrivés ici, nous avons fait beaucoup de dépenses pour voyager très vite, et nous ne sommes pas plus avancés. Le général chargé de la formation de ces nouveaux corps a pris nos noms et nos adresses et nous a dit que lorsqu'il arriveroit des soldats, il nous organiseroit en corps. Jusqu'à ce temps nous sommes officiers sans troupes. Nous aurions pu rester encore peut-être un mois à Montluçon et nous aurions eu encore le temps de nous rendre.

Besançon est une assez jolie ville, la salle de spectacle est plus belle que celle de Lille, mais la troupe est mauvaise. Depuis huit jours que je suis ici, je leur ai vu jouer plusieurs des pièces que Maucliard a fait donner à Montluçon : Paul et Virginie, Raoul, Barbe bleu, Blaise et Babet, le Tonnelier. Ils ne jouent que tous les deux jours, les jours de relache nous nous ennuïons fortement. Nous avons une assez bonne pension pour 45 livres par mois, servi à deux services dans une jolie salle, chacun sa bouteille, je suis assez bien logé pour 12 livres, mais cela ne m'enpêche pas de regretter la société de notre païs ; il me paroit que nous aurons beaucoup de peine à nous en procurer une ici, quand nous aurons fait quelques connoissances, il faudra peut-être partir, c'est le sort du militaire. J'espère que tu me donneras souvent de tes nouvelles, tu voudras bien m'informer de tout ce qui se passe dans notre païs. Tu connois les personnes qui m'ont intéressées, parle moi quelquefois d'elles et de ce qui peut leur arriver, tu m'obligeras sensiblement. J'ai été fâché de n'avoir pu voir Mme Gergeon avant mon départ, tu voudras bien la saluer de ma part ainsi que toutes ces dames, témoigne leur tout mon regret d'avoir quitté une société aussi intéressante, je me rappellerai toute ma vie, le bonheur dont j'ai joui chez madame Duprat.

Les deux demi-brigades qui vont se former ici ont les numéros 101 et 104, je ne sais de laquelle je serai. Il me semble que les nouveaux corps seront mieux composés en officiers que les anciens. Le ministre a choisi jusque dans les sous-lieutenans. Porte-toi bien, je t'embrasse ainsi que maman.

FAVIER,

Lieutenant d'infanterie, chez le c. Perron, horloger, Grande Rue, no 773.

Besançon, le 14 pluviose, An 7.

Notre demi brigade est enfin organisé depuis le 25 du mois dernier, je suis lieutenant du 1er bataillon de la 101e d'infanterie de ligne. Mes camarades m'on nommé membre du conseil et le conseil m'a chargé de sa correspondance, ils m'auroient fait plus de plaisir en me laissant tranquille, quoique ces occupations m'exemptent des détachemens extérieurs et me laissent pendant un an en garnison (les conseils devant toujours rester attachés au bataillon de garnison). Si l'on continue à se battre en Italie et si la demi Brigade part pour cette armée dans quatre ou cinq mois, je ferai tout pour rejoindre mon bataillon. Depuis que je suis ici je lis beaucoup, j'ai vu avec plaisir beaucoup de nouveauté de l'an six et de cette année, si nous étions plus proches, je te ferois passer quelques uns de ces ouvrages, qui t'amuseroient beaucoup. Le 2 pluviose il y eu un banquet chez le général divisionnaire, j'en fis partie, il y avoit une demi douzaine de généraux ou adjudans généraux et une centaine d'autres militaires. Nous avons établi une société de danse, l'abonnement est fort cher 12 livres par mois pour trois bals, un par décade. Le bal se donne chez le général divisionnaire Muller, la salle est superbe. Les dames, au nombre de quarante à cinquante sont des meilleures familles bourgeoises ou les épouses de quelques généraux et de quelque uns de nos officiers, les rafrachissemens ne sont que des sirops. L'orchestre composé de six violons, une basse, deux clarinettes et un tambourin, fait un effet charmant. Les trois dernières décades je n'ai pas voulu danser, selon moi, la danse n'est agréable que lorsque l'on a une maîtresse, c'est ma réponse à ceux qui veulent me faire profiter de ce divertissement, cependant à l'avenir je veux essaïer quelques contre-danses. J'ai vu jouer quelques jolies pièces nouvelles, si tu chantois je te ferois passer quelques ariettes de ces jolis petits operas, tels que : Le Prisonnier, Lisbeth opera-comique, La Revue de l'an six etc. Les femmes ne sont pas généralement belles ici, mais elles sont fort honnêtes. Couturier est dans le même bataillon que moi, nous fimes, il y a à peu près un mois, une rencontre assez surprenante pour nous ; dans un caffé, Couturier en jetant la vue par hazard sur un étranger, reconnoit Joïe le joueur, il l'acoste, cet homme semble malheureux (il avoit enlevé une jolie femme de chambre de Moulins, il a mangé tout ce qu'avoit cette femme), nous lui avons donné deux fois à diner à notre pension, mais nous avons restés sourds aux demandes d'argent. La vue de cet homme et ses avantures depuis un an, suffiroient pour guérir un joueur. Garde le silence sur lui, depuis huit jours je ne l'ai pas vu.

Je suis charmé que vous vous amusiez beaucoup à Montluçon, quelque différence qu'il y ait des plaisirs d'une grande ville, auprès de ceux d'une très petite on aime toujours sa patrie, je regrette réellement la société de Madame Duprat, assure la de mon regret ainsi que ces dames. Je suis faché de la mort de Mme Raby. Tu salueras toute la famille Jaladon de ma part, dis au C. Pradon qu'il y a dans notre demie Brigade beaucoup d'officiers canonniers, qui étoient dans le même cas que Desportes son frère, cet officier a droit à réclamer tout son traitement depuis sa réforme, qu'il demande au ministre d'être emploïé dans une des nouvelles demie Brigades, dans son grade, il l'obtiendra surement, dis lui que d'après un arrêté du Directoir qui les réformoit, il se trouve au nombre des surnumeraires et a droit à être placé comme les autres, qu'il fasse de promptes démarches, il pourroit encore être temps. J'ai passé ici deux jours avec Beauvais.

Je t'embrasse ainsi que maman.

FAVIER.

Besançon, 24 Ventose, an 7

Nous nous attendions à demeurer longtemps dans cette ville, nous nous étions trompés, nous avons reçu du nouveau ministre de la guerre l'ordre de partir pour Strasbourg à cinquante lieues d'ici. Demain 25, nous nous mettrons en route, nous devenons partie de l'armée d'observation commandée par Bernadotte. Nous ne croyons pas non plus rester à Strasbourg, l'armée d'observation s'étendant à soixante lieues plus loin. Notre demie Brigade est déjà forte de 1994 hommes, nous commençons à manœuvrer, nous avons des armes mais pas d'habits. Toute l'armée a passé le Rhin, on s'est peut-être déjà battu, avant un mois, notre corps à peine organisé peut se trouver en campagne. Je regrette Besançon, j'aurais cependant du plaisir à voir Strasbourg, j'essaierai là le *deutcher*.

Je t'ai dit, je crois, dans une de mes lettres, que j'avais fait connoissance avec un capitaine de notre 1/2 Brigade, appelé Perceau, le cousin de ceux de

Montluçon et l'ami intime de Mlle Graillière, la sœur de Madame Touret, puisqu'il a une correspondance suivie avec la première ; cet officier étant comme moi attaché au conseil, nous nous voyons souvent. J'ai vu avec plaisir notre ancien camarade Clavelle, il m'a donné un jour, pendant lequel nos langues n'ont pas été gelées, il se rend dans le département avec un ordre du ministre qui le place dans la gendarmerie, d'où il espère pouvoir plus facilement obtenir son congé que dans le 1er de dragons.

Je sors de rendre une visite à la femme d'un chef de Bataillon de la 104e 1/2 Brigade qui s'est organisé avec nous ; cette dame est la sœur du premier joueur de forté piano de l'Europe, elle compose et exécute elle-même avec le plus grand talent, le concert qu'elle nous a donné m'a beaucoup amusé.

Tu ne m'oubliras pas j'espère auprès de Madame Duprat et de toute sa société, une heure de sa société, me plaisoit certainement davantage que les grandes assemblées de femmes dont les maris ont les chapeaux brodés, car ce n'est pas chez le grand nombre de nos généraux actuels, qu'on prend le ton de la meilleure société, salut à Georgeon et à son épouse.

Je t'embrasse et maman

FAVIER.

Strasbourg, 12 Germinal, an 7.

Notre 1/2 Brigade campe toute entière sur les ruines de ce fameux Kell dont la prise et reprise fit couler tant de sang aux deux parties. Cette petite ville de l'autre côté du Rhin est entièrement détruite, il ne reste qu'un nombre de redoutes que nous cherchons à fortifier encor davantage en cas de revers. Les tentes ou baraques sont couvertes de neige, le temps depuis trois jours est très froid et la saison est aussi rigoureuse que dans le fort de l'hiver, il faut habituer à tout nos jeunes conscrits ; la guerre a recommencé plus vivement que jamais, depuis le premier germinal on se bat sans relache, nous devions attaquer les positions du prince Charles le 1er Germinal, un sergent de la 25e 1/2 Brigade d'infanterie Legué, déserta avec le mot d'ordre, l'ennemi nous prévint et commença l'attaque avec un corps très nombreux de cavalerie, notre avant-garde fut d'abord repoussé de quelques lieues, cette 25e souffrit alors prodigieusement ; la 67e la 53e eurent aussi quelque perte, un bataillon de la 53e perdit deux officiers et en eu douze autres blessés. Le 2e du même corps, environné par la cavalerie ennemie se fit jour à la bayonnette et le chef de ce bataillon fut deux fois prisonnier et la troisième prit à son tour ses gardes. Un régiment de houzards a perdu cent hommes et 150 chevaux, tous les corps qui ont donné se sont battus avec le plus grand courage. Le lendemain l'affaire fut à peu près générale, depuis six heures du matin jusqu'à neuf heures du soir, on se battit constamment. Jourdan eut un cheval tué sous lui et deux autres blessés, le général Lefèbvre reçu un coup de feu à la main gauche. L'ennemi se plaça entre deux divisions de notre armée, on vient cependant à bout de reprendre sa ligne, on fit quelques centaines de prisonniers qu'on conduisit à Stochah.

Prends une carte et examine la position des armées

respectives, jette la vue sur le lac de Constance, sur la droite, tu verras Masséna s'étant emparé du païs des Grisons et tenant position à Bregentz, Jourdan sur la gauche vouloit se réunir à Massena par Stochah, Psullendorf, c'étoit un coup décisif. Mais l'ennemi en plus grande force (tous les rapports assurent qu'au deux germinal, l'armée du prince Charles étoit plus forte que la notre d'un tiers) dérangea tous nos projets. Le 4 et le 5 on se battit encore avec force de l'autre côté du Danube, hier il arriva ici 47 officiers autrichiens et quelques centaine de soldats faits prisonniers dans cette affaire du 5, on nous dit que Jourdan en a fait trois à quatre mille. De tout les côtés de l'intérieur nous voyons arriver des troupes qui se rendent à l'armée, on craint que Jourdan ne soit obligé de prendre une position en arrière des premières qu'il occupait, pour attendre du renfort. Hier les gros équipages de l'armée ainsi que ceux de l'artillerie, qui avoient rétrogradé ont reçu l'ordre de retourner en avant, rien n'annonce que nous ayons éprouvé une défaite, comme peut-être on en fera courir le bruit, on a à peu près gardé ses positions, et si nous avons rétrogradé de quelques lieues, ce n'est qu'après l'affaire. Nos plénipotentiaires sont toujours à Rastadt, mais on y est dans la plus grande inaction. Ici nous savons ce qui se passe à l'armée de Jourdan, au moins six jours avant vous, mais les rapports qu'on en fait dans les papiers allemands sont souvent si douteux qu'on ne peut toujours y ajouter foi. Je ne te parlerai pas souvent de l'armée, les papiers publics t'instruisant de ce qui se passe. Le conseil du Corps reste provisoirement à Strasbourg, mais si notre corps entier fait un mouvement plus éloigné, nous suivrons ; avant hier je fus nommé membre du premier Conseil militaire de Strasbourg, je serai charmé que le corps partit des environs pour me débarrasser de cet emploi, j'aime mieux faire le métier de soldat que d'être le juge des émigrés ou militaires, on craint toujours de condamner.

J'ai pleuré beaucoup l'autre jour en voïant jouer le drame de Misantropie et repentir, traduit de l'allemand et mis sur notre scène par Mme Molé ; ce drame d'un jeune autheur allemand a fait la plus grande sensation en France, il est nouveau. Le télégraphe est ici sans cesse en mouvement, j'apprends dans le moment que notre corps a reçu ordre de s'avancer.

Je salue ton aimable société, j'embrasse maman.

FAVIER.

P.-S. Plusieurs officiers de notre armée ainsi que les prisonniers, nous assurent que les Russes n'étoient pas encore arrivés le 5 à l'armée du prince Charles, on n'en attendoit que quelques uns, les autres devant aller en Italie.

Strasbourg, le 11 Floréal, an 7.

Une nouvelle horrible vient de nous être transmise, les plénipotentiaires de notre république ont été assassinés avant-hier soir à quelque distance de Rastadt, Bonnier et Roberjot ont été laissés sans vie sur le terrein, Jean Debrie abandonné, comme mort, par ses assassins qui l'avoient jeté dans un fossé, s'est vu relevé par quelques domestiques qui l'ont remis dans sa voiture ; il est arrivé ici la nuit dernière à minuit, il est couvert de blessures et l'on craint pour sa vie. Cet événement malheureux a fait frémir tous ceux qui l'ont appris, on varie sur la manière dont cet assassinat a été commis, on dit que nos ambassadeurs, sans doute forcés de quitter Rastadt, s'etoient décidés à rentrer dans leur patrie, les troupes allemandes commençoient à bloquer la ville, le commandant avoit fait fermer les portes. Les députés qui devoient partir le dimanche matin à huit heures, ne purent effectuer leur départ que le soir vers la même heure, ils étoient dit-on toujours escortés par une garde nombreuse d'Autrichiens, à quelques lieues de Rastadt, vers dix heures du soir, en passant dans un bois on entendit crier : ce sont des françois ; et aussitôt un gros parti de hussards de Speler attaqua les voitures, en arracha les plénipotentiaires et les massacra impitoyablement. L'escorte se sauva et abandonna nos malheureux compatriotes à la rage de leurs camarades, la suite des députés n'eut presque pas de mal. De quelque manière, au reste, que ce soit passé ce cruel évenement, il n'en est pas moins vrai que les trois ministres de notre nation ont été assassinés. L'armée crie vengeance. Tous les militaires disent qu'ils ne feront plus de quartier à ces féroces autrichiens ; je ne puis croire cependant, que l'empereur ait donné de semblables ordres, il seroit un monstre, on présume que c'est le cabinet britannique, ou quelques féroces déserteurs de notre pays qui ont occasionné ce crime horrible, pour empêcher de faire la paix et rendre la guerre éternelle, et en faire une guerre d'extermination. La diplomatie a eu néanmoins quelque part dans cette action, puisque les papiers de nos ambassadeurs ont été enlevés. Les papiers publics vous informeront peut-être avant ma lettre de ce crime politique.

L'armée du Danube, dont nous faisons partie, a presque entièrement repassé le Rhin, quelques nouvelles ont assez bien rendu compte de la retraite, cependant à l'affaire du cinq germinal, nous aurions été victorieux si notre cavalerie avoit donné avec courage et avoit suivi l'infanterie qui a fait des prodiges de valeur, l'armée a été très mécontente de la grosse cavalerie cette campagne ci. Quoique nous fussions au moins inférieurs de moitié en nombre à l'ennemi, nous aurions pu garder nos positions si la cavalerie avoit fait son devoir. Le gros de l'armée a passé du côté de Basle pour soutenir l'armée d'Helvetie, menacée par l'archiduc Charles, deux de nos bataillons sont près de l'ennemi.

J'ai assez de besogne ici, la correspondance de notre conseil d'administration, dont je suis chargé, m'occupe beaucoup, je passe de plus la majeure partie de mes matinées au 1er conseil de guerre de cette division. L'autre jour nous jugeames un scélérat que nous avons condamné à mort, cet assassin a été exécuté. Ce conseil est assez mal composé, jeudi dernier je me disputai fortement avec les juges mes collègues, en vain j'essaie de faire punir un quartier maitre prévaricateur, cet individu était parent de Rewbell et plusieurs de mes collègues eussent tremblés de punir l'allié d'un Directeur, quelque coupable qu'il eut été ! je montrai, presque publiquement, à ces intrigans, quelque échantillon de cette sincérité que Mme Duprat (1) me reprochait quelque fois. Ne m'oublie pas auprès des C. Cornereau (2), Deplaigne (3), Georgeon (4), Perrot (5), et Durin (6), comment se porte Tulat, je salue Mme Jaladon (7) et le C. Pradon (8). Chabot (9) et Beauchamp ont donc réussi. Tu me parles de comédie dans ta dernière lettre, j'ai vu ici une des bonnes artistes du grand opéra de Paris jouer Didon, Alceste et Œdipe à Colonne, juge si je regrette votre théatre.

Je t'embrasse ainsi que maman.

FAVIER.

Lebe Wohl. Strasbourg der 3 ^{tag} von year 7

armée du Danube à Strasbourg 1er Prairéal,

Lieber Bruder,

Tu me fais connoitre ce qui s'est passé à notre assemblée primaire, je connoissois déjà le nom de nos députés, aussi écrivois-je au C. Cornereau, que l'ambition de Chabot l'avoit emporté, je lui ai entendu

(1) Mme Duprat née Perrot de St-Angel Sa fille en 1819 épousa Amable Favier.

(2) Pierre Cornereau, médecin, né en 1765, fut maire de Montluçon.

(3) Paul Joseph Deplaigne, médecin, né à Montluçon en 1764, y décéda sans alliance en 1812.

(4) Antoine Georgeon ancien volontaire se maria à Montluçon le 12 pluviôse an 5 à Françoise Michel du Mery.

(5) Gilbert Bon Perrot de St-Angel.

(6) Abbé Gilbert Durin, curé de l'Eglise de St-Pierre.

(7) Mme Jaladon de la Barre, née Marie Guérin.

(8) François Pradon, originaire de Pionsat, receveur des finances à Montluçon.

(9) Georges Chabot, avocat puis député, fit partie du conseil des Anciens, puis du Tribunat.

dire plusieurs fois, qu'il se contenteroit désormais de sa place de commissaire et qu'il ne chercheroit plus aucun emploi supérieur, l'intrigue, mon ami, est toujours victorieuse partout.

Il n'y a pas deux cents hommes de garnison dans cette ville, les bourgeois la gardent, la citadelle seule a des troupes de lignes, huit cent bourgeois montent tous les jours la garde et s'en acquittent bien. Strasbourg est plus grand que Lille et non moins bien fortifié, j'y reste avec le conseil d'administration, jusqu'à ce que notre brigade ait quitté la division, nous avons déjà un de nos bataillons à trente lieues d'ici ! La majeure partie de l'armée du Danube est en Suisse. L'ennemi nous a fait faire une retraite de 45 lieues, mais nos pertes n'ont pas été conséquentes de ce coté, les Autrichiens ont perdu plus que nous, il n'en est pas malheureusement de même du côté de l'Italie, notre armée de ce côté paroit presqu'entièrement détruite, de prompts renforts peuvent encore nous faire revenir la fortune, mais s'ils ne sont pas envoïés promptement, d'après tout ce que je lis, tout ce que j'entends dire, l'Italie est perdue pour nous.

J'allois avec le conseil de guerre rendre visite à Jean Debry, sa femme pleuroit dans un coin de l'appartement, il gémit avec nous de son malheur et surtout de celui de ses collègues, nous lui promimes vengeance, il est parti depuis plusieurs jours.

Je me livre à présent entièrement à l'allemand, je cherche à traduire Werther, je le trouve bien difficile. Tu me parles de Bonnet, s'il venoit avec nous (il écrit bien) je lui répondrois de lui faire avoir une place dans nos bureaux ou dans ceux de notre état-major, il y seroit avec d'autres jeunes gens très bien élevés, s'il n'est pas parti engage le à venir auprès de moi.

J'embrasse maman. Nous n'avons rien de nouveau ici, inquiétude pour l'armée d'Italie et désir de venger sur les Autrichiens leurs insultes,

FAVIER.

Strasbourg, 16 Messidor, An 7.

Ta lettre m'annonce Mein Lieber, que tu t'es beaucoup amusé à Moulins, dans notre patrie on connoit peu les malheurs de la guerre, du moins on ne les sent pas.

Le nuage commence à s'éclaircir un peu en Italie, nous sommes cependant encore éloignés d'y revoir le soleil ; nous nous soutenons en Helvétie, nos troupes font des prodiges de valeur ; mais Massena n'est pas capable de commander avec un grand succès, une armée qui occupe une aussi considérable étendue ; Le 8 de ce mois, nous eûmes à nos avant postes ici, une attaque très vive de la part de l'ennemi, nos forces étoient peu nombreuses aussi l'ennemi nous chassa deux lieues, nous perdimes environ 200 hommes, je siegeois au 1er conseil de guerre lorsque l'ordre me fut envoïé de me rendre à mon corps, j'y passai deux jours, mais nous ne nous battimes pas ce jour là, depuis ce temps, le 1er bataillon de notre 1/2 Brigade, dont je fais partie, occupe absolument l'avant-garde, il ne peut se tirer un coup de fusil à cet avant poste sans qu'il se trouve à l'affaire. Je suis encore juge au 1er conseil de la division et membre au conseil d'administration de notre corps, bientôt mon temps sera fini et je te promets que je n'en serai pas fâché. Notre 1/2 brigade manœuvre bien ; nous avons une fort jolie musique. Avez vous toujours votre comédie, j'ai vu jouer ici l'assassinat de nos représentans à Rastadt, pièce en un acte, elle a été assez bien exécutée. On joue à Strasbourg les grandes pièces, nous avons des ballets.

J'embrasse maman. Adieu. FAVIER.

Strasbourg, le 30 Messidor, 7e année.

Les dernières lois sur les congés ou exemptions du Directoire peuvent t'atteindre, tu sera peut être obligé de servir de nouveau. Tu feras bien de demander de l'emploi dans les nouveaux bataillons départementaux qu'on va former. Bonnet peut venir me trouver, je ferai mon possible pour lui rendre moins durs les commencemens de l'art militaire, dans la compagnie ou je suis il sera toujours mieux traité qu'ailleurs ou il ne serait point connu.

Notre corps a vu le feu et s'est bien conduit. Nous commençons déjà a exister assez difficilement, nos appointemens ne sont pas païés régulièrement. Tout prend ici une attitude imposante et la campagne prochaine ne sera pas si heureuse pour l'ennemi que celle-ci l'a été. Le nouveau gouvernement, les différents changemens opérés, pour mieux dire la nouvelle révolution me fait plaisir. Le Directoir avoit accaparé l'autorité, la liberté lui l'a fait rendre et l'a rendu à ses véritables fonctions. Puisse ce changement, ne pas retourner en système révolutionnaire, chaque françois revenir au véritable esprit de la constitution, et l'ennemi sera de nouveau vaincu. Lebe Wohl.

Avant poste de Kell. Le 24 Fructidor, An 7.

Notre conseil d'administration a rejoint la 1/2 brigade ; et j'ai obtenu, avec bien de la peine, qu'on me remplace au conseil de guerre de la division. La 101ᵉ est dans ce moment le seul corps qui deffende les avant-postes de Kell. Les autres troupes ont pris le chemin de Mayence et nous savons que depuis elles ont passé le Rhin, on nous dit que l'armée du Rhin fait actuellement le siège de Philisburg.

Le 20 on fit une forte reconnoissance sur l'ancienne position que nous occupions, mais nous rentrasmes le soir, nous eumes dans notre corps cinq à six tués et une quarantaine de blessés, parmis lesquels sont deux de mes camarades. Notre service ici est extrêmement rigoureux, à deux heures du matin on est sur pied jusqu'à la rentrée des reconnoissances, au grand jour. Les gardes sont fréquentes et durent trente heures, on ne peut dormir avec des conscrits, souvent de mauvaise volonté et qu'on a bien de la peine à rendre aussi braves que nos anciennes troupes. Pour moi je dors partout, quand je ne le puis la nuit, je répare cette perte le jour. On travaille toujours aux redoutes en avant de Kell, le fort est un composé de plusieurs bastions, ou ouvrages en terre doublement palissés et fraisées, un bras de la Keutzig remplit les fossés. Cinq ou six redoutes en etoiles, pattes ou demi-lunes couvrant le fort à petite portée de canon, deux de ces redoutes sont très fortes et pourront être défendues. Les maisons que les habitans de ce malheureux païs avoient construites de nouveau, viennent d'être détruites pour éclairer, ce païs absolument ruiné, a vu couler bien du sang des deux partis, et l'on en versera encore pour le prendre. Notre armée de Suisse a eu de brillans succès, mais nous avons encore été battus en Italie. Les troupes ne sont pas exactement païés.

Tu vas sans doute te trouver aux fêtes d'Hérisson et de Pionsaq, fais mes complimens à ceux qui te demanderons de mes nouvelles. Ne m'oublie pas auprès de Mme Duprat et de toute sa société. Je ne mangerai pas de raisins de Coureau cette année.

J'embrasse maman.

Ton frère FAVIER.

Devant la redoute étoilée de Kell

17 Brumaire, an 8.

Il y a quatre jours, j'ai vu de près la mort, une mare dans laquelle j'entrais jusqu'au reins me sauva, avec le plus grand nombre des soldats que je commandois, d'une charge assez violente de la cavalerie ennemie, nous n'avions plus de cartouches, ni aucune possibilité de faire partir les fusils tant le temps étoit mauvais.

J'étois peu désireux de veiller à ma propre sureté, je te jure, après les malheurs qui me sont déjà arrivés, j'estime peu la vie. Sans mon amour pour la république, je ne crois pas que je me fusse livré à un métier ou l'on voit sans cesse des généraux pillards, et ennemis nés de toute liberté. Nous avons perdu l'autre jour (celui de l'affaire dont je t'ai parlé plus haut), environ trois cents hommes tués ou prisonniers, pour enlever quinze vaches et une dizaine de cochons à l'ennemi et pourquoi ? deux de mes camarades, un capitaine et un lieutenant sont prisonniers. Aucun officier de notre division n'a le sou, si l'on continu à ne nous pas païer, il faudra vendre ses effets, depuis trois mois que je suis baraqué audelà du Rhin, j'ai usé deux paires de bottes, nous avons ici de la boue comme à Coureaud et point de bois pour nous chauffer, nous espérons cependant que nos victoires nous tirerons de ce vilain païs.

Tu me parles beaucoup de comedie, j'ai passé quinze jours à Strasbourg pour la vérification et la reddition des comptes de notre conseil d'administration, j'ai été voir Misanthropie et Repentir, dans l'original de Kotsebue, je commence à bien entendre la langue allemande, j'ai été content de ce drame, il y a plus d'épisodes et même quelques farces, qui contrastent singulièrement avec le larmoyant de la pièce arrangé pour la scène française.

Couturier n'est plus dans le même bataillon que moi, il commande la 6e compagnie du 2e, je suis de la 3e du 1er. Nous avons tous repris nos rangs d'ancienneté de grade, il n'y a point eu encore d'avancement dans mon grade. Je te prie de dire bien des choses de ma part à Serres, je l'ai connu à Liège et auparavant à Chalons, il servoit alors dans une compagnie de chasseurs des quatre nations à Paris. A-t-on des nouvelles de Jabin ?

Je t'embrasse, FAVIER.

Strasbourg, 21 Frimaire, an 8.

... J'ai déjà été présenté pour être capitaine à la nomination du Directoir, mais le ministre préfera d'envoïer un surnuméraire, quoi qu'il ne sut ni lire ni écrire et qu'il n'eut que des mœurs indignes d'un officier. Nous sommes à Strasbourg depuis deux jours, pour nous reposer un peu. J'ai vu hier jouer la fameuse Raucourt, la première tragédienne françoise, elle a donné quelques représentations.

Ne m'oublie pas auprès du citoyen Chabot, je salue aussi la famille Jaladon. Si tu veux entrer au palais des Consuls, va demander de ma part les capitaines Decœur, Garde, Charpentier et Boyer. J'ai été prisonnier deux ans avec eux, je les connois particulièrement.

Je t'embrasse et te souhaite toutes sorte de succès.

FAVIER (1)

---

(1) *Voici l'adresse de cette lettre : Au citoyen Favier jeune, chez le C. Chabot, représentant du peuple, rue Honoré, vis à vis celle Florentin, n° 46, à Paris.*

Avant poste de Kell
Le 3 Nivôse, an 8.

Je suis de l'autre côté du Rhin à portée de pistolet de l'ennemi, en avant des ouvrages de Kell, qui seroient très fort s'ils étoient finis ; tu sais qu'on commence tout et qu'on ne finit rien. Le pont du Rhin, derrière nous est coupé, on l'a enlevé à cause des glaces. Je ne me porte pas très bien. La plus grande surveillance nous est nécessaire ici, de crainte d'être enlevé par l'ennemi, ce qui lui seroit très facile, je ne pourrois t'envoïer mes certificats légalisés que dans une quinzaine, pourquoi n'attendrois-tu pas jusqu'alors à Paris. Tu me parles du froid, nous l'éprouvons ici douloureusement, nous manquons absolument de bois. Uñ caporal de la 16e 1/2 brigade d'infanterie de ligne, qui se trouve avec nous, vient de faire un drôle de traité avec un caporal ennemi, dont le poste est devant le sien. Nos soldats ne peuvent plus se procurer de bois parceque l'ennemi occupe les parties boisées, le poste de l'ennemi n'est séparé du notre que par une petite rivière qui n'a que quinze pas de largeur et qui maintenant est gelée, on ne tire l'un sur l'autre que lorsqu'on doit avoir une affaire quoique on ne soit éloigné que d'une portée de pistolet. Le caporal françois proposa au caporal des manteaux rouges (troupes irrégulières autrichiennes) une espèce d'armistice en quatre articles ainsi qu'il suit : nous ne tirerons pas ni l'un ni l'autre — accordé ; nous nous avertirons, quand il devra y avoir une affaire, un quart d'heure d'avance — accordé ; Je n'ai pas de bois, (ainsi propose toujours le caporal françois) vous en avez beaucoup, nous vous ferons passer des haches vous nous en couperez, vous le passerez par la rivière et nous renverrez nos haches — accordé aussi ; 4° lorsque la rivière sera gelée nous irons nous même couper du bois dans la forêt ou vous êtes et alors le même nombre de vous viendra en otage à notre poste — accordé ; nous donnerons cet arrengement comme consigne à ceux qui nous relèveront — accordé aussi. Ce petit traité entre deux caporaux, plus humains souvent que leurs chefs, nous a fait beaucoup rire. Il s'exécute, je m'en suis convaincu moi-même hier, j'ai causé en allemand avec le chef du poste ennemi qui m'a donné la main, nous nous faisons la guerre honorablement. Il est rentré aujourd'hui un émigré du 18 Fructidor, par ordre des Consuls.

Tu rendras tous les complimens qu'on te fait pour moi, je t'embrasse et attends de tes nouvelles.

La nouvelle constitution ne nous fait pas païer davantage, il nous est encore dû trois mois. Nous n'avons perdu que sept ou huit cent hommes à l'armée du Rhin (1).

Près Strasbourg, le 16 Pluviose, an 8.

Je suis faché que tu n'aye pas réussi dans tes projets, tout ce que tu me dit de Chabot et de Jaladon ne m'étonne pas, ils connoissent parfaitement la politique.... Nous avons beaucoup souffert les derniers

(1) *Voici l'adresse de cette lettre : Au citoyen Favier, rue des Moutiers Honorés, hôtel du Puy-de-Dôme, N° 158, à Paris.*

jours de grands froids à Kell, nous avons été trois jours sans pain, sans paille, sans viande, sans bois, le soldat nu-pied et un tiers au bivouac. Il n'y a plus de maisons à Kell. Dans ce mois là nous avons eu 300 déserteurs et 4 à 500 malades, j'ai eu plusieurs jours de crachements de sang pour ma part. Tout cela ne seroit rien si l'on n'avoit pas le désagrément plus insupportable de savoir qu'une foule de caméléons, comme ceux dont je t'ai parlé au commencement de ma lettre, tirent sans peine tout le fruit de nos travaux.

J'ai revu Lebon-Nuret et Luilier de St-Pierre, avec 70 autres soldats de la 27e (1), ils ont demeuré trois ans prisonniers en Angleterre dans les mêmes lieux ou je fus autrefois, mon seul chagrin étoit de ne pouvoir recevoir ces deux jeunes infortunés comme je l'aurois désiré. J'ai rencontré Barjot (2) et Molinary, ce dernier avoit été près d'un an dans le même village avec mon bataillon sans que je l'ai scu. On incorpore dans nos brigades tous les bataillons de conscrits, nous avons eu celui de la Haute-Marne fort de 600 hommes, les officiers et sous-officiers sont à la suite ; on examine de près leurs papiers, nous nous attendons sous peu à aller attaquer l'ennemi de l'autre côté. Il nous est arrivé de superbes 1/2 brigades de Hollande.

---

(1) Depuis l'an 4 une partie du bataillon de l'Allier était réuni à la 27e 1/2 brigade.

(2) Barjaud, architecte, avait épousé la sœur de Molinary originaire de Menat. Le poète Jean-Baptiste Benoit Barjaud était son fils.

AU NOM DU PEUPLE FRANÇAIS BONAPARTE I.ER CONSUL

Bonaparte, premier Consul de la République, ayant confiance dans la valeur et la fidélité du C.en Favier (Gilbert) Lieutenant, le nomme à l'emploi de Capitaine à la 101.e Demi-Brigade.

Ordonne, en conséquence, à tous Officiers et autres qu'il appartiendra, de faire recevoir et reconnaître en ladite qualité, le C.en Favier.

Donné à S.t Cloud le vingt sept Prairial l'an onze de la République.

Bonaparte

Par le premier Consul

Le Ministre de la Guerre,

Le Secrétaire d'Etat,

Hugues B. Maret

41

Département
de
la Guerre.

101e ½ Brigade.

République Française.

Au nom du Peuple Français.

Brevet de Capitaine pour le Cen Fayier (Gilbert)

Détail des Services	Campagnes, Actions, Blessures.
Né à Nouvt-Luçon (Allier) le 28 mars 1769	A fait les Campagnes de 1792-93, ans 2, 3, 4, 5, 7, 8 et 9 aux Armées du Nord, du Centre, de la Belgique, du Rhin et d'Italie.
Sous-Lieutenant au 1er Bataillon de l'Allier le 7 Octobre 1791 Lieutenant audit Bon le 12 Brumaire An 2 à la suite dans la Brigade de l'Allier devenu 27e de Ligne le 12 floréal An 5.	Fait Prisonnier de Guerre par les Anglais le 15 Brumaire an 2 aux avant-postes de Lille - rentré en France le 12 ...

Enregistré à l'Etat major de la demi Brigade Légère 52.
Le 1er Fructidor an 11

19

Le Quartier Maître
Chatecaurieux

25 Ventôse, 8e année.

Nous venons encore de passer deux décades à Kell, le froid nous a été très douloureux, mais au moins étions nous à peu près tranquille sur le compte de l'ennemi. Sept demi-brigades venant de la Hollande cantonnoient autour de Strasbourg, et nous rendoient dans cette partie, plus forts que l'ennemi qui, n'avoit devant nous, sur plus d'une quinzaine de lieues que trois régiments Wallons, un de manteaux rouges ou pandours et trois régiments de cavalerie. Les brigades françoises arrivées d'auprès de la vache à lait de la république, étoient supérieurement habillées, équipées et soldées de tout ce qui leur étoit dû, excepté pendant leur route. Actuellement après vingt jours de séjour à Kell, les deux 1/2 brigades qui en occupent les portes intérieures et extérieures sont relevées par deux autres, nous sommes maintenant cantonnés dans des villages voisins de Strasbourg.

Pendant notre dernier séjour à Kell les autrichiens se sont montrés fort honnestes, nos sentinelles avancées n'étoient qu'à portée de pistolet d'eux, on se parloit mutuellement. J'ai été trois fois de garde, dans ces vingt jours, aux postes avancés. Le matin de l'entrée en garde et le matin de la sortie, à la découverte, nous mettions de part et d'autre nos troupes ou gardes en bataille dans les lieux propres, et les officiers de cavalerie et d'infanterie, se détachoient de leurs troupes, causoient ensemble une demi-heure, et buvoient souvent l'eau-de-vie, se saluoient et reprenoient le chemin de leurs postes, les officiers que j'ai vu, parlent comme nous beaucoup de paix, la désirent et semblent s'y attendre.

Deux officiers de ce fameux rég[t] des Dragons de la Tour, qui nous a fait courir dans la 1re campagne, me dirent qu'ils désireroient bien retourner dans leurs foyers, ils sont nés dans la Belgique. Je commence à parler, à lire et à écrire la langue Allemande, à peu près comme je faisois de l'Angloise.

On nous annonce en ce moment l'ordre de nous tenir prêts à partir avec la division, on présume que c'est pour la Suisse, tant pis, sans argent les voyages sont désagréables, je t'écrirois aussitôt que je seroi arrivé. Si la république me païoit, comme on nous le fait espérer, dans peu, de vingt louis qu'elle me doit, je serois actuellement bien en avance, surtout à présent que j'ai cinquante écus de solde par mois.

Il faut te dire que je suis capitaine de la 2e compagnie du 1er bataillon, j'ai été présenté par les capitaines pour remplir cette place, au choix, et le chef de Brigade et les chefs de Bataillons m'ont choisi unanimement. Salue Mme Duprat et toutes mes connoissances, de ma part, surtout Jabin, le ci-devant ami des miches-longues (1) beurrées.

FAVIER, cap[e].

---

(1) On fabrique toujours à Montluçon des miches longues, sorte de petits pains à pâte salée et très peu levée pesant à peine une demi-livre.

Près Strasbourg, 7 Germinal an 8.

Le lendemain de la réception de ta lettre, je fis passer à Couturier celle qui lui étoit adressée, il n'est éloigné de moi que de deux lieues, il commande la 6e comp[ie] du 2e bataillon. J'ai diné aujourd'hui ici avec lui. Tu me feras singulièrement plaisir par l'envoy le plus prompt possible de la somme que je t'ai demandée, nous n'avons touché que la 1re quinzaine de Brumaire; encore a-t-on passé pour cela deux revues de rigueur, et on n'a païé absolument que les présens, ce qui va faire perdre beaucoup à plusieurs cantiniers de notre corps, qui dans la situation malheureuse ou nous nous trouvions, avoient avancé seulement du pain à plusieurs de nos malheureux soldats. Le népotisme des gouvernans nous a réduits à la misère, si j'étois païé je pourrois vivre maintenant, je ne joue plus du tout.

Nous avions reçu l'ordre de partir pour la Suisse, un contre-ordre nous a fait rester, il faut que réellement on soit en pourparlers de paix, car les troupes de côté ne font aucun mouvement, et cependant depuis longtemps le temps est magnifique pour ouvrir la campagne. Je connois ici autour de Strasbourg environ vingt demi brigades à peu près, fortes d'environ deux mille hommes chacune, toutes cantonnées, prêtes à se rassembler dans un ou deux jours, qu'attend-t-on, que fera-t-on ?

J'ai diné l'autre jour à Strasbourg avec Reignier d'Emery et l'adjud[t] gén[l] d'Halancourt, dont il est l'adjoint-capitaine ; il t'a vu dernièrement à Paris cinq ou six fois, mais craignant de se tromper, il ne chercha point à te parler. J'ai mangé aussi avec notre ancien camarade Charpentier, autrefois sergent major de l'Allier, actuellement quartier maitre adjoint de la 29e de ligne, il m'a chargé plusieurs fois de te faire ses complimens. Je commande une superbe compagnie, j'ai 107 h. présens sous les armes et mes deux officiers sont d'aimables jeunes gens. Réitère mes complimens à mes connoissances et écrit moi toujours à la même adresse, armée du Rhin.

Village neuf, demie lieue de Basle en Suisse
Le 6 Floréal, an 8.

J'ai reçu le 28 du mois dernier ta lettre, ta quittance de poste et le mandement sur Couturier. Hier 5, j'ai touché l'argent à Basle. Cet argent arrive singulièrement à propos, toute l'armée est en mouvement et j'eu peut-être tardé longtemps à le recevoir s'il était arrivé deux jours plus tard. Ce matin le général Leclerc a assemblé sa division, de laquelle notre 1er bataillon fait partie ; on nous a lu le règlement du général en chef pour la campagne : « L'ennemi veut la guerre, nous a-t-il dit, il l'aura, elle sera terrible. Le général en chef a juré que toutes les contributions levées chez l'ennemi, seroient emploïées à païer votre arriéré ». Le soldat gardoit le silence, il est cependant étonnant que des troupes qui sont en arrière, les une de cinq, d'autres de six et sept mois de solde, soient aussi tranquilles au moment d'entrer en campagne. Hier la majeure partie des troupes qui forment le corps d'armée de la gauche de Basle, a passé le Rhin, cette nuit nous devons les suivre. Ecris-moi souvent. Je t'embrasse.

On rappelle, je vais rejoindre ma compagnie. 1er Bataillon, 101e, armée du Rhin, 2e division, par Basle.

Zürich, le 5 Prairial, an 8.

Depuis un mois je n'ai pû trouver le temps de t'écrire, aujourd'hui pour la première fois depuis ce temps, je peux me deshabillier. Nous venons de commencer la campagne la plus active que j'ai encore faite. J'ai été présent aux affaires des 13, 15 et 19 Floréal (1) dernier, l'ennemi a montré un acharnement sans exemple. Le 13 j'ai courru un grand danger, une obuse est tombée dans la section que je commandois, m'a mis six hommes hors de combat et coupé en deux trois fusils, j'ai été couvert des débris et j'ai passé pendant quinze jours, dans les autres bataillons, pour avoir eu le poignet gauche coupé, je ne suis pas fâché que ce n'ait été qu'un faux bruit.

Nous nous sommes avancé jusqu'à Ulm, à cinquante lieues des frontières françaises, le 29 floréal au moment de passer le Danube, prêts à aller prendre part à un feu violent qui avait lieu devant Ulm, qui est très fortifié, nous avons reçu l'ordre de rétrograder de suite, notre bataillon seul, pour nous rendre à

(1) Les affaires des 13, 15 et 19 Floréal sont celles de : Engen 3 ma Moesskirch 5 mai, Biberach 9 mai 1800.

marches forcées à Zurich ou nous sommes arrivés aujourd'hui, nous avons fait jusqu'à douze lieues par jour. Demain nous allons rejoindre nos deux autres bataillons au pied du St-Gothard, ou il y a encore trois pieds de neige. Delà nous pensons marcher en Italie, heureux si nous arrivons assez à temps pour faire diversion suffisante pour sauver Massena (1).

Je ne te parlerai pas de nos combats, les papiers publics t'en apprendront les suites, tu n'y verras pas nos pertes, nous avons eu considérablement de blessés et de tués, mais tu sais qu'on ne compte pas les hommes quand on peut remporter la victoire.

A l'affaire de Moesskirch on s'est battu depuis le jour, jusqu'à la nuit fermée; vers une heure de l'après midi, notre droite avoit poursuivi l'ennemi et l'avoit chassé à une lieue et demie, lorsque il parut tout à coup, et chercha sur notre gauche à nous couper. Si notre division n'étoit pas arrivée dans le moment, l'ennemi avec une artillerie nombreuse auroit brûlé notre parc d'artillerie et nous auroit vaincu, on tint ferme et nous fûmes victorieux. Je me suis bien porté jusqu'à présent excepté un accès de fièvre de vingt heures, que deux jours d'une pluie continuelle m'avoit occasionnée, mais qui heureusement n'a pas duré. S'il m'arrivoit quelqu'accident, tu sauras que je ne dois plus rien à personne maintenant, excepté ma dette à Coulhon, la république me doit actuellement environ vingt-sept louis d'or, il m'est dû dans le corps environ trois louis, j'ai une malle pleine au grand dépôt à Strasbourg et un porte-manteau à notre

(1) Assiégé dans Gênes.

fourgon. Je ne puis encore te donner aucune adresse certaine pour m'écrire, nos marches sont si précipitées qu'il nous est impossible de recevoir une lettre.

Que d'horreurs se commettent dans les armées, je gémis des maux que je vois commettre, je ne suis pas né pour voir d'un œil tranquille, les malheurs de la guerre, mais l'honneur me retient, je souffre et je me tais. L'exemple d'un peuple qui fait la guerre sans solde sera rarement suivi.

J'embrasse maman. Adieu, porte toi bien.

FAVIER.

Luzern, 8 Prairéal, An 8e.

A Zug, le vaguemestre de mon corps m'a remis ta dernière lettre, tu me demande des détails sur les mouvemens de l'armée. Les gazettes, ont dû t'instruire mieux que je ne pourrois le faire, j'en ai cependant vu de françoises qui sont pleines de mensonges, celles allemandes, ne disent pas plus la vérité, les rapports officiels présentés par l'ennemi sont encore plus exagérés dans les avantages et plus diminués dans les pertes que ceux de France. Dans les pertes néanmoins les généraux françois se taisent, je vais te donner quelques détails qui n'existent pas dans les gazettes.

L'armée du Rhin, commandée par Moreau, s'est mise à la fois en mouvement sur plusieurs côtés, deux jours avant son départ, la division françoise à Kell attaqua l'ennemi et le força à se retirer jusqu'à

Offenburg, mais comme ce n'étoit qu'une fausse attaque, nous rentrâmes dans Kell, on espéroit alors que l'ennemi se reporteroit devant ce fort et chercheroit à l'attaquer. Le lieutenant général St Cyr passa alors par Brisach avec les trois divisions : Baraguey d'Hilliers (Reigner d'Emery est adjoint capitaine de l'adjudent général d'Halancourt, chef d'état major de cette division), Tharreau et Vandame ; et se rendit jusqu'au point qui lui étoit désigné pour rendez-vous. Le lieut[t] gén[l] Lecourbe passa le Rhin trois ou quatre jours après, sur la droite de Schaffhouse avec les trois divisions : Lelorge, Montrichard et Vandame, chassa l'ennemi qui étoit devant lui, s'empara du chateau fort du duc de Wurtemberg appelé Hohentwiel, sans tirer un coup de fusil et arriva comme nous nous battions à Engen vers Stokach, sur notre droite ou il battit complètement l'ennemi, lui fit beaucoup de prisonniers. Le lendemain nous passames sur son champ de bataille et nous trouvames considérablement de morts autrichiens. Dans cette ville nous avons trouvé des magasins immenses appartenant à l'ennemi, toute l'armée est encore nourrie des farines de ces magasins, elles sont anciennes et le pain qu'on en fait est extrêmement mauvais, j'en ai mangé et je t'assure que si je n'avais point eu faim, je n'aurois pas touché à ma ration.

Le corps d'armée avec lequel j'ai passé le Rhin à Basle le 7 de l'autre mois, étoit commandé par le General en chef et formé des trois divisions de réserve de l'armée, celles de Delmas, Leclerc et Richepanse, nous passâmes par Rheinfelden et le Waldshut. Le quatrième jour de notre marche nous trouvâmes, dans une gorge, trois redoutes de l'ennemi qu'il fallut emporter d'assaut, deux compagnies de la 57e furent écrasés. Je passerai sous silence les affaires des 13, 15 et 19 appelés victoires d'Engen, de Moesskirch et de Biberach. Dans ces trois batailles nous avons réellement fait aux Autrichiens, environ dix mille prisonniers, on leur a aussi blessé beaucoup de monde, en les poursuivant nous avons passé près de leur ambulance et nous avons vu une quantité de bras et de jambes coupés, qu'ils n'avoient pas encore fait enterrer, mais nos généraux n'ont pas parlé de nos pertes. Que de sang françois a coulé dans ces affaires, nous avons aussi plus de 7 à 8000 blessés.

Le lieutenant général Sainte Susanne commande aussi les trois divisions Colland, Legrand et ce corps d'armée observe un corps considérable de l'ennemi, sur la rive gauche du Danube. Notre armée étoit le 29 floréal à une lieue d'Ulm, nous marchions pour donner, lorsqu'un ordre du général en chef (comme je te l'écrivois dans ma dernière lettre) nous fit partir à grandes journées pour Zürich, ou nous en avons reçu de nouveaux pour rejoindre notre 2e bataillon près du mont St-Gothard. Aujourd'hui on m'apprend que déjà deux divisions sont prêtes de ce côté à faire irruption du côté de Milan. Demain notre bataillon s'embarque sur le fameux lac des quatre Cantons, ou le célèbre Guillaume Tell enchainé et conduit par Gessler, ne fut délivré de ses fers que pour conduire la barque et sauver le tyran du naufrage, tu sais comme d'un coup de pied en arrivant vers la terre, il sortit de la barque et la rejetta dans le lac.

Ce qui me désespère mon ami, dans cette guerre,

c'est que l'on pille horriblement, les Généraux donnent l'exemple, leurs domestiques emportent jusqu'à l'argenterie avec laquelle on les sert dans les maisons ou ils logent. Le commissaire des guerres Pommier a été fusillé le 1er prairéal à P , pour avoir demandé, escorté par un corps de troupes, 120.000 livres à un village ennemi. Le général Vandame, un fripon, avoit ordonné à ce commissaire de suivre cette réquisition, mais n'avoit point donné d'ordre par écrit, il a nié le fait et abandonné son chargé d'affaires. Si ces horreurs continuent, je te jure que je ne ferai point une autre campagne, je ne suis plus fait pour servir davantage et aux dépens de ma vie et de ma fortune les spéculations de semblables fripons. Ne m'oublie pas auprès de ces dames, nous allons en Italie.

Je t'embrasse et maman.

Bergame, Dépt de la République Cisalpine,
15 Messidor, 8e année.

Je ne t'ai pas écri depuis longtemps, la rapidité de nos marches exécutées dans les lieux les plus élevés de l'Europe, la difficulté de nos communications à notre entrée en Italie, par des chemins presque inaccessibles, notre position entre les corps ennemis, voilà les raisons de mon silence, quand je t'aurois écrit mes lettres n'auroient pû te parvenir ; depuis huit jours le courrier passe par les chemins ordinaires. Le succès de la fameuse bataille de Marengo, nous a rendu les places les plus importantes de l'Italie, excepté Mantoue. Cette célèbre journée le 25 Praireal a vu périr bien des François et des Autrichiens, notre 2e bataillon qui faisoit partie de l'avant-garde a été écrasé. Nous regrettons la perte d'un de nos chefs de bataillon tué ou fait prisonnier (nous n'en avons pas de nouvelles), l'adjudant major a été tué et cinq lieut[ts] ou sous-lieut[ts] blessés dangereusement, deux sergents-majors et trois fourriers tués et près de trois cent soldats tués ou blessés, je parle seulement du 2e bataillon de notre 1/2 brigade. Couturier étoit du nombre des blessés, mais après quinze jours d'hôpital, sa blessure s'est fermée et il est guéri. Je demande partout des nouvelles, sans réussir dans ma recherche, d'un de nos capitaines, officier du premier mérite et mon meilleur ami, qui s'est couvert de gloire dans cette affaire. Les chemins et les prés sont remplis de marécages dans les lieux ou a commencé l'affaire de Marengo, on chargeoit sur l'ennemi, l'officier dont je parle, avoit passé dans l'eau jusqu'au ventre, en croyant que sa compagnie le suivoit, il étoit seul, en s'en appercevant il rencontre près de lui vingt Autrichiens derrière une maison, certain que sa troupe ne l'avoit pas suivi, mais ne manquant jamais de courage, il court sur la troupe ennemie et la somme de se rendre prisonnière de guerre, les Autrichiens mettent bas les armes. Ce brave homme, quelques heures après est frappé d'un éclat d'obus qui lui fait une blessure considérable à l'épaule et bientôt un soldat voisin a son fusil coupé, le bout du fusil va donner à la tète de ce capitaine et le renverse sans connoissance, on le croit mort, on l'avoit même dépouillé sur le champ de bataille, mais quelques heures après on l'a transporté parcequ'il donnoit des signes de vie; on lui a envoïé tout l'argent qu'il demandoit, mais depuis ce temps nous n'en avons pas eu de nouvelles, quoiqu'on espère qu'il ne soit pas mort, je t'ennui d'un détail bien long, mais cet officier avec lequel j'étois extrêmement lié est de St Pierre le Mouthier et le cousin germain de Mme Thouret et de Mlle Graillière, il se nommé Perceau (1), je tremble pour lui, si tu avois occasion de voir ces dames tais leur cet événement.

Quelle honte pour Mélas d'avoir signé une capitulation comme celle du 27 ; dans un jour perdre dix places fortes ! Nous n'avions que 20 mille hommes qui ont donné à la bataille de Marengo, l'ennemi en avoit 35 mille, quelle audace de la part de Bonaparte ! aller se placer entre deux armées ennemies ! il falloit vaincre. Si nous avions été vaincus, c'en étoit fait pour nous de l'Italie, et je ne sais comment, entourés d'ennemis, nous aurions pû faire retraite. L'ennemi avoit déjà réussi à forcer notre gauche à se retirer, une grande confusion régnoit, le 1er Consul paroit : « Amis, dit-il, c'est assez battre en retraite. » Et de suite le courage renoit, tout revient à son rang, dans un quart d'heure les bataillons ennemis sont enfoncés et au moment d'être victorieux éprouve une défaite complette. Le général Desaix, officier aimé de tous les partis, est frappé du coup mortel, notre capitaine des grenadiers lui dit : Général vous êtes blessé. Taisez-vous, répond le Général en tombant, n'en parlez pas au soldat.

Cette bataille est trop heureuse pour la république,

(1) Le capitaine Perceau se fixa à Louroux Bourbonnais que sa famille n'a pas cessé d'habiter.

pour que les journeaux françois n'en aïent pas donné des détails étendus, tu les as sans doute déjà lus, je te dirai seulement que jamais entreprise plus hardie n'eut lieu, nous avons monté et descendu à la main, des montagnes les plus élevées de l'Europe, et notre artillerie et nos munitions ; notre bataillon a porté dans huit jours un milion de cartouches depuis la vallée d'Unerca jusqu'au bas de l'autre côté du St-Gothard, cinq grandes lieues dans les montagnes, chaque soldat portoit quatre cent cartouches dans son sac de crainte qu'elles ne se mouillassent, car tu sauras que sur la cime du Gothard, qui est élevé d'a peu près douze mille pieds au-dessus du niveau de la mer, on ne voit pas le soleil deux fois par mois, toute l'année il y neige ou pleut. J'ai eu prodigieusement froid dans ce païs vers le milieu de Juin et à dix lieues plus loin, la chaleur étoit terrible, j'ai cependant plusieurs fois admiré ces montagnes horribles toujours couvertes de neige. Le pont du diable (surnon que les païsans lui ont donné) bâti sur un précipice dans lequel la Reuss tombe en torrents épouventables, la Roche percée, une infinité de torrens et de cascades tombans de hauteurs immenses, le voisinage de ce païs à quelques lieues sans aucune végétation, les sources du Rhin, du Tessin, de l'Aar qui descendent des trois lacs qui sont sur la cime du St-Gothard. La Furca, au pied duquel le Rhône prend aussi sa source, les nombreux lacs de la Suisse et ses immenses montagnes m'ont donné un spectacle, tout terrible qu'il étoit, que j'ai encore eu du plaisir à considérer, il t'auroit plu aussi, j'en suis sur. J'ai traversé presque toute la Suisse, les habitans en sont très hospitaliers ; nous les avons ruinés entièrement, et tout pauvres qu'ils sont ils accueillent les autheurs de leur misère, tandis que les Italiens auxquels nous faisons peu de mal, nous logent dans des palais et nous laissent mourir de faim. Pauvres Suisses comme je vous plains ! fourbes voleurs, vils Italiens vous méritez le joug.

L'ennemi a évacué les positions convenues, il est déjà retiré derrière le Mincio, notre armée a pris aussi les siennes, nous nous reposons un peu maintenant, on nous a païés un mois d'appointemens sur sept qui nous étoient dûs. La partie des troupes arrivée avec Bonaparte est dit-on au courant. Notre corps est réduit au tiers de son nombre. La désertion quand nous passions en Suisse, les maladies, les fatigues, les combats plus terribles encore, nous ont diminué prodigieusement, je n'ai plus que 45 hommes à ma compagnie. Nous avions laissé tous nos équipages en Suisse et en France, j'étois comme Bias, je portois tout avec moi. L'Italie est un superbe païs, les terres sont extrêmement fertiles ; mais messieurs les italiens n'aiment pas beaucoup le travail. J'ai été hier au spectacle, d'une ville de 30.000 ames. Les arlequins et les pantalons m'ont fait rire, mais m'ont bientôt ennuié. Aucune police n'existe dans ces salles de comédie, on n'ôte pas son chapeau, chacun se promène, mange, et fait autant de bruit que sur une place publique, quelques femmes sont jolies, mais elles m'ont semblées bien libertines, leur mise est assez belle.

Comment se porte ta société, qu'est-ce qu'il y a de nouveau à Montluçon ? à propos, de quelle ville de l'italie est Mme Jabin ? Comment s'appelle-t-elle ?

Tout le monde parle de paix maintenant, on fait courir ici le bruit que l'empereur de Russie et le roi de Prusse se déclarent médiateurs, et que pour préliminaires, la maison d'Autriche évacuera entièrement l'Italie, et la France la rive droite du Rhin ; le congrès, dit-on, doit avoir lieu à Ratisbonne. Ce qu'il y a de plus certain c'est que l'empereur est battu partout, que peut-être Ulm est pris dans ce moment ci, alors rien ne nous empêchera de couper le Tyrol à l'ennemi et de marcher ensemble, les deux armées sur Vienne, encore une bataille heureuse et Mantoue le rempart de l'Italie tombera de lui-même. Quand Bonaparte, il y a quatre ans, prit cette dernière ville et marcha sur Vienne, nous n'avions pas une armée victorieuse et nombreuse, maitresse de la Suisse et de la Souabe. Je vois les autrichiens forcés à la paix et j'y crois maintenant.

Seize 1/2 brigades de notre armée retournent en france et vont à Dijon se compléter, nous ne sommes, malheureusement pas de ce nombre. Me voilà encore occupé au travail, j'étudie avec transport la langue italienne, je la lis déja, elle n'est pas du tout difficile pour celui qui sait le latin, cette langue est singulièrement sonore, je ne désire plus que la connoissance de celle-ci, je pourrois connoitre dans les originaux les auteurs Allemands, Anglois et Italiens, c'est assez pour un habitant de Montluçon.

Salue de ma part, etc.

FAVIER l'aîné,

Aile gauche de l'Armée d'Italie, par Milan.

Chiari, 9 Thermidor, An 8.

J'arrive de Milan, pour me procurer la connoissance d'une des grandes villes d'Italie, j'ai admiré l'église du Dôme, cathédrale qui ne sera peut-être jamais finie, elle est plus grande que celle de Bourges, l'intérieure et l'extérieur est tout en marbre blanc, ainsi que la grande flèche, qui a plus de 500 escaliers. La salle de l'Opéra est magnifique, les décorations sont extrêmement riches ; il n'y a point de police dans les salles de spectacle italiennes, chacun se promène pendant la pièce, se couvre, cause et fait du bruit sans crainte d'être reprimé, dans la majeure partie des théâtres italiens, on joue dans le dernier entracte à une espèce de loterie, c'est pour mieux dire un lotho, chacun se fait faire un billet dont il choisit les numéros à sa volonté, il prend tant de billets qu'il le désire, on les enregistre ; un enfant, en présence d'un officier municipal, tire les boules d'un sac, on les appelle et celui qui a plus tôt les 15 numéros de son carton, crie : Tombola et gagne toute la poule qui est souvent de plusieurs centaines de livres.

Nous avons revu ce brave officier dont je te parlois dans ma dernière lettre, il perdra seulement l'usage de l'épaule gauche. Couturier, qui est maintenant totalement guéri de sa blessure, est attaqué d'une fièvre assez mauvaise. Ce camarade est usé, la campagne l'a singulièrement fatigué. On dit qu'il faut que les françois païent le tribut à la chaleur et au climat d'Italie, j'attends mon tour.

Tout nous parle de paix, l'union de l'armée du

Rhin est réellement effectuée avec l'armée d'Italie, toutes les gazettes italiennes, celles de l'ennemi même, que nous recevons ici, toutes assurent que nous touchons à ce terme si désiré. Toute l'Allemagne est en alarmes, l'empereur nourrit actuellement nos deux armées. L'armistice est général, le continent sera donc au moins tranquille. L'empereur de Russie est décidement devenu l'ennemi des Anglois, cette nation finira par se faire fermer tous les ports des puissances de l'Europe.

En Italie c'est la mode que la majeure partie des dames ait un cavalier servant (cavaliere servente), cet heureux personnage est le remplaçant du mari dans toutes les occasions publiques.

J'entends déjà à peu près la langue italienne, elle n'est pas si difficile que l'allemande à beaucoup près.

FAVIER.

Adresse tes lettres : Armée d'Italie, corps d'armée du Lieut[t] G[l] Moncey, par Milan.

Lograto, 22 Fructidor, An 8.

Au moment ou tous les partis croïoient à la paix, on m'assure l'armistice rompu et dans peu de jours, sans doute, le sang va de nouveau couler. Le comte de St Julien est reparti avant hier, pour se rendre auprès de son général en chef le baron de Mélas. Cet officier, qui avoit été déjà porter à Paris des dépêches de sa cour, étoit venu une seconde fois au quartier général françois. Le mot de guerre a remplacé dans toutes les bouches celui de paix, les troupes et l'artillerie sont en mouvement, nous ne sommes plus qu'à une journée de l'ennemi, on n'attend peut-être plus pour attaquer que l'expiration des douze jours d'avertissement. Brune est arrivé assez à temps pour empêcher Massena d'emporter huit millions qui appartenoient à la république (c'est un bruit assez acrédité, et toute la France sait, et plus certainement toute l'armée, que plusieurs de nos généraux, peu contens des impositions énormes qu'ils lèvent à leur profit personnel, ne craignent pas de suspendre la solde de celui qui fit leur réputation, en la tournant, quands ils peuvent, à leur singulier avantage). Notre nouveau Général en chef vient dit-on, de destituer le général de division Loison ainsi que tout son état-major. Ce Loison est déjà connu par ses pirateries en Suisse et sa conduite à Brescia fût infâme. Ces sangsues publiques sont chassés, ce n'est point assez, il faudrait leur faire rendre gorge et qu'ils servissent d'exemple ; sans mœurs point d'état, tant que je ne verrai que des intrigans emploïés, je ne croirai pas mon païs sauvé.

Les vignes ont éprouvé ici le même sort qu'à Montluçon, non tout à fait par le manque d'eau, parceque dans cette partie de la province de Brescia, des lacs voisins donnent des eaux, qu'on a trouvé le moyen de faire couler quand on veut dans les terres (avantage impaïable) ; mais par le tort qu'a fait une gelée au moment ou tout avait poussé. Les vendanges sont finies ici, il y a déjà du vin nouveau. Le climat est de beaucoup plus chaud que le notre, j'ai eu de la peine à m'y accoutumer, ainsi qu'à la manière de vivre, j'ai mangé peu de raisins ! je les aime, je les ai toujours païés quatre sols de france la livre de 12 onces. Tout se vend en Italie à la livre, jusqu'aux pêches.

Je me suis amusé à écrire quelques notes sur ce païs et sur ses usages, quelques jours je te les enverrai, j'ai fait des amis, j'ai demeuré un mois dans une maison respectable de Bergame ; je l'ai quitté avec grand regret, j'écris souvent en italien à cette famille qui m'avoit présenté à plusieurs maisons de noblesse, dans lesquelles on m'a fait assez d'accueil. Les françois seroient très aimés en italie s'ils se conduisoient bien et s'ils n'avoient pas des pirates pour chefs. Les russes se sont comportés horriblement dans ces environs, un village près d'ici, étoit allé audevant d'eux en procession, ayant son curé à sa tête en habits sacerdotaux ; le curé et les premiers de la procession furent volés de tout ce qu'ils avoient, les cosaques leur enlevèrent jusqu'a leurs souliers, tu pense bien que la queue de la procession ne se pressa pas d'arriver.

P. S. Au moment ou je t'écris je reçois une ordonnance de mon chef de bataillon, pour lui donner le nombre de cartouches qu'ont actuellement les soldats des deux compagnies que je commande ici, afin de faire donner de suite soixante cartouches par hommes. Cela veux dire que nous allons voir l'ennemi, cependant les gazettes de Milan et même celles de l'ennemi parlent toujours de paix, on a encore des espérances, puissent-elles se vérifier. Depuis plus de deux mois je n'ai pas lu de gazettes françoises. On nous a païé trois mois depuis que nous sommes en italie, il nous en est encore dû six.

Addio caro fratello, io t'abbraccio del tutto mio cuore. Mili complimenti alla signora italiana Jabin.

FAVIER l'ainé.

Brescia, 30 Vendémiaire, An 9.

Enfin j'ai reçu une lettre de toi avant hier, que fais-tu donc à présent ? tu viens d'Hérisson, tu vas aller sans doute aux foires d'Orval.

La ville dans laquelle je me trouve depuis un mois, est assez grande, elle a environ 40.000 ames de population, on y trouve, comme dans toutes les villes d'Italie, beaucoup de palais, partout des pauvres sur son chemin, une quantité de prêtres et de moines de toutes couleurs, ainsi que beaucoup de voleurs. Une lettre de recommandation d'une famille de Bergame chez laquelle j'ai demeuré un mois avec le plus grand plaisir, m'avoit procuré quelques connoissances, le comte Calini m'avoit fait beaucoup d'honnêteté ; on accueille les françois avec distinction, mais il y a dans nos généraux et parmi beaucoup de subalternes tant de grossiereté et de brigandages qu'on rougit souvent d'être le compagnon de tels individus. Nous sommes dans un pays ou tout est maintenant prodigieusement cher, j'ai vécu huit jours à l'auberge à 6 livres par jour, espérant que nous trouverions une pension, ce n'est pas l'usage de ce païs, je me suis logé avec mes lieutenans, et mon domestique nous nourrit passablement. Une nouvelle organisation vient d'avoir lieu, 30 1/2 brigades d'infanterie de ligne et 10 légères ont été réduites à deux bataillons, nous ne sommes pas du nombre pour le moment, on croit qu'on attendra jusqu'à la paix pour organiser les autres.

Comment se seront passés les vendanges, fait mes complimens à nos bons vignerons, ou est Jérome ?

s'il avoit dû servir, j'aurois été plus content de l'avoir avec moi, on nous permet à tous les capitaines d'avoir un soldat avec nous, qui ne porte pas les armes, mais qui est enregistré, nous païons seulement le service de cet homme à la compagnie. A propos de ce genre de service j'ai vu ici plusieurs fois le frère de Des Forges de l'ainé, ce jeune homme plutôt que de servir la république, s'est placé comme domestique chez un des Baraillon capitaine du Génie dans notre armée, il y a aussi un autre jeune homme du païs avec lui, je leur ai offert de l'argent, il paroît qu'ils n'en ont pas besoin.

Le théâtre de cette ville est beau, mais les acteurs mauvais, la 1re danseuse des ballets est une des élèves de Vestris, elle danse admirablement.

Mes complimens, etc. Addio. FAVIER.

TABLE DES MATIÈRES

Grande Imprimerie du Centre, HERBIN. — Montluçon

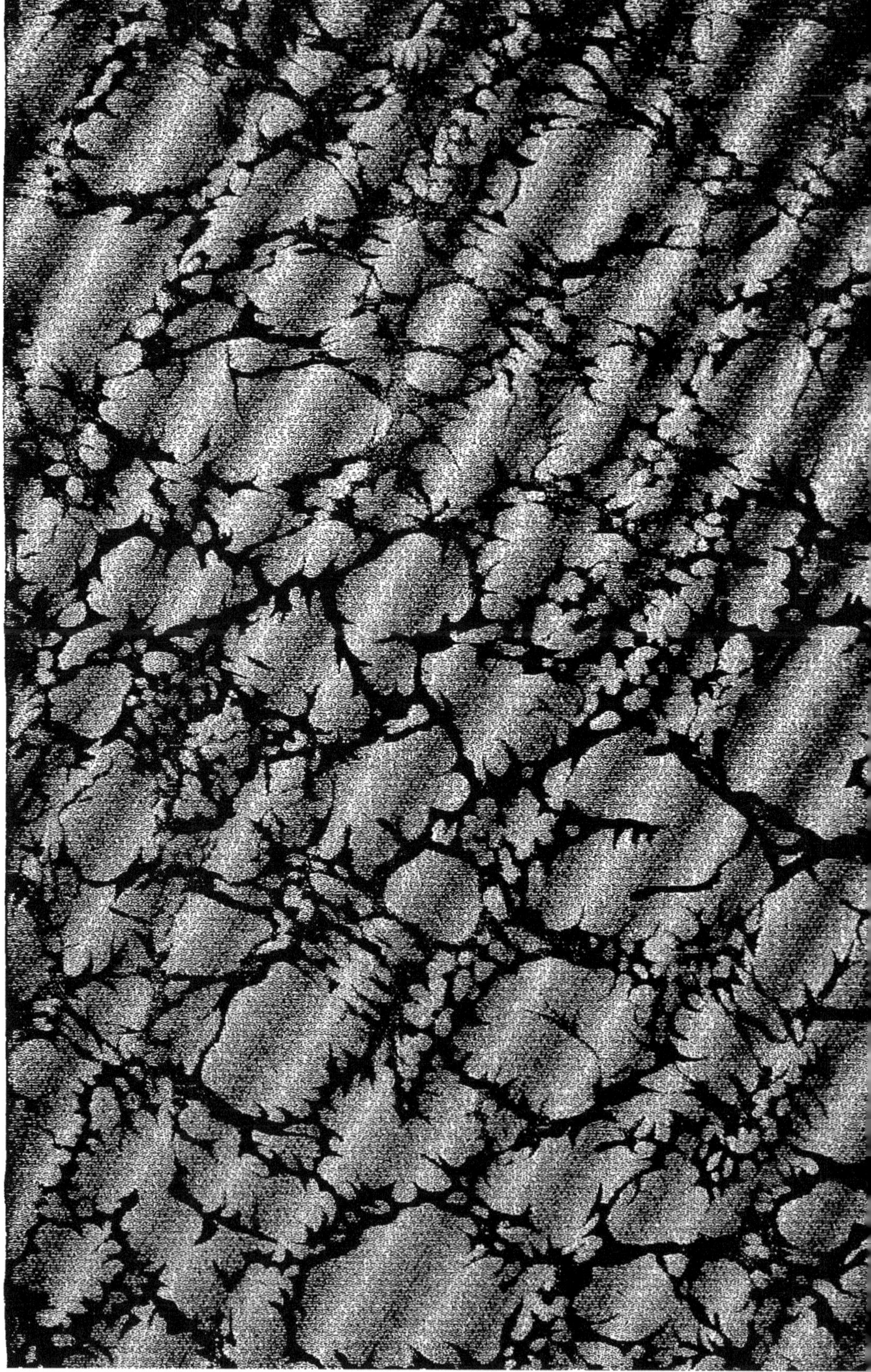

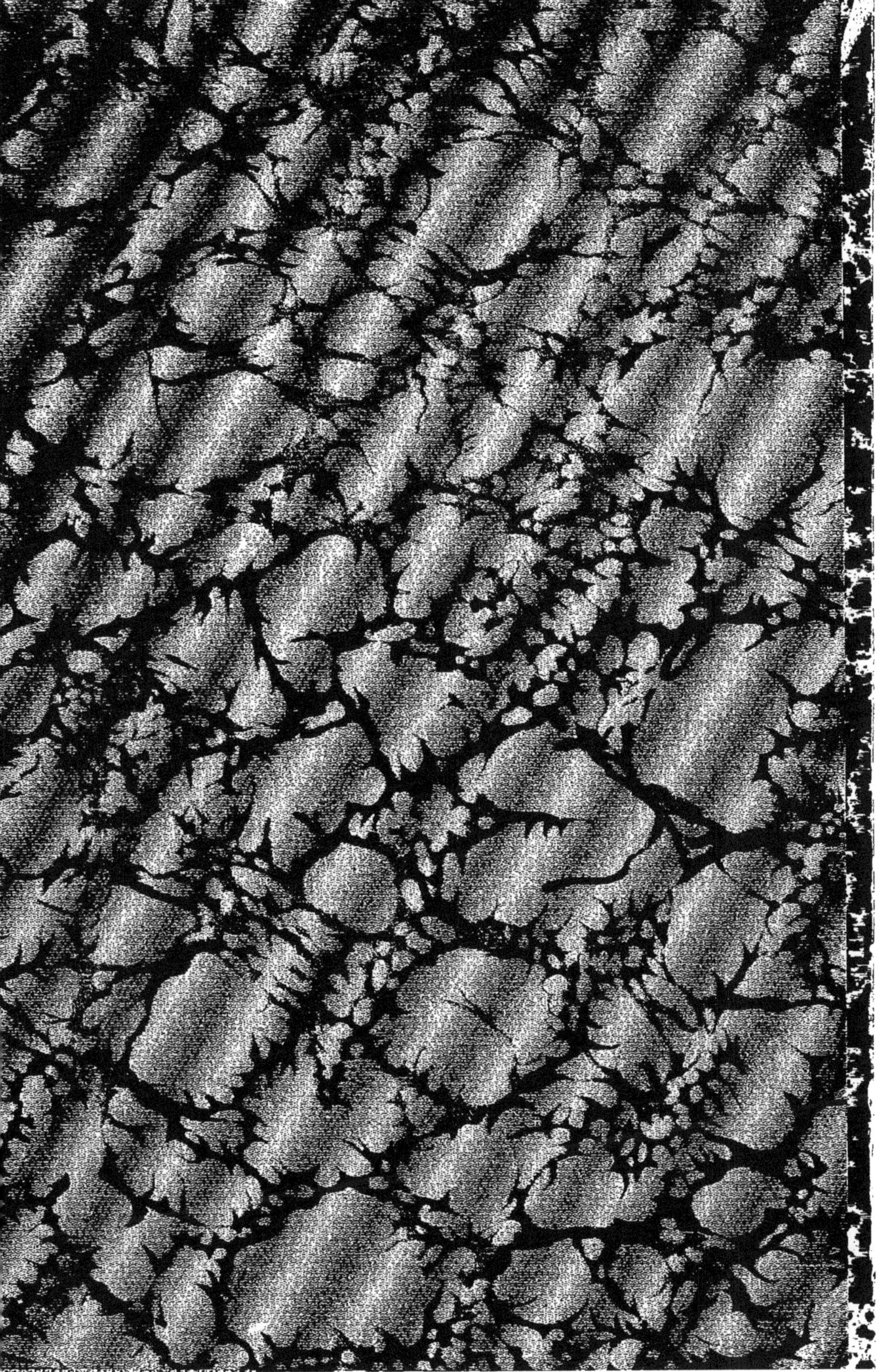

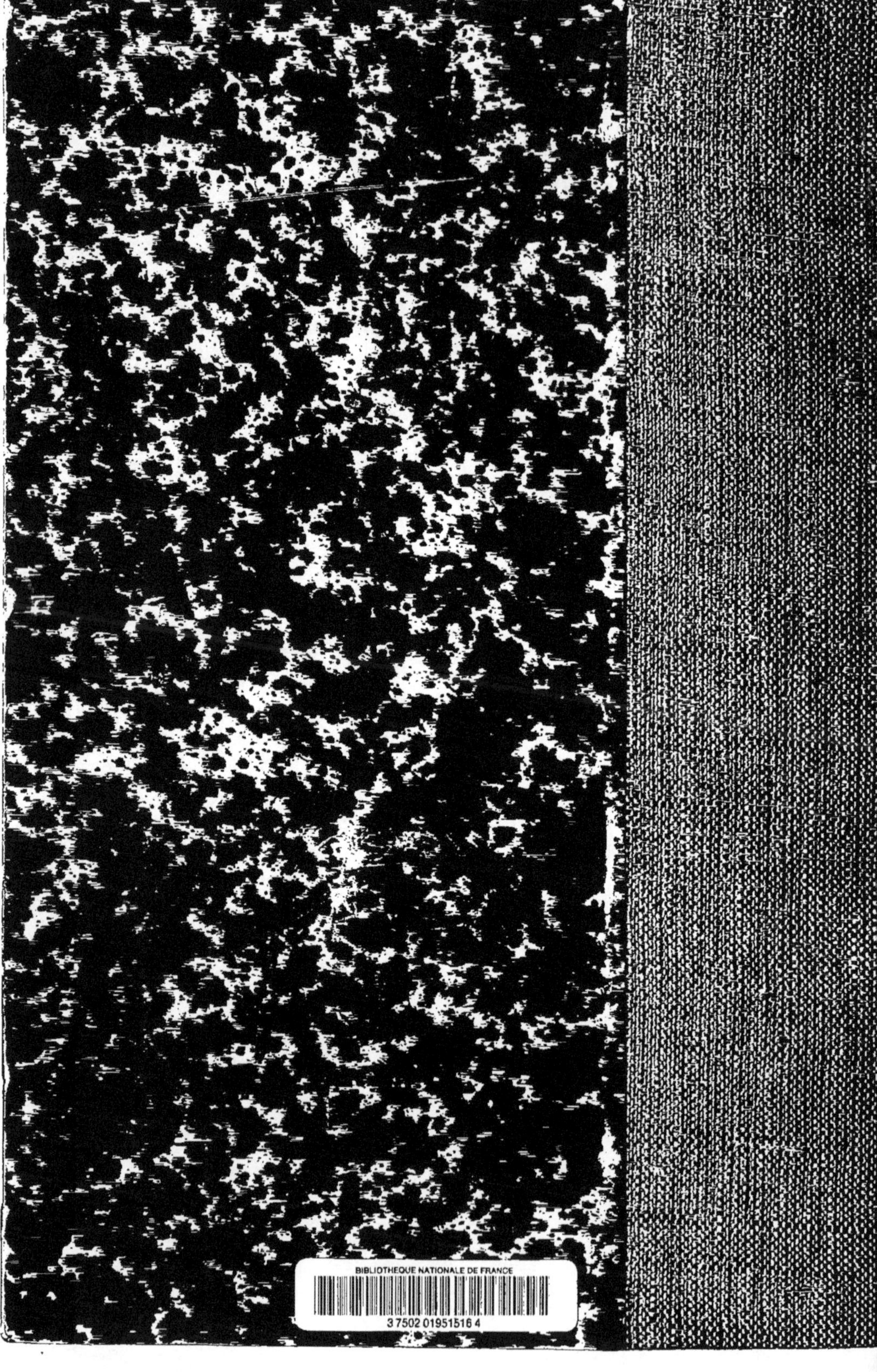
BIBLIOTHEQUE NATIONALE DE FRANCE
3 7502 01951516 4

www.ingramcontent.com/pod-product-compliance
Ingram Content Group UK Ltd.
Pitfield, Milton Keynes, MK11 3LW, UK
UKHW020125200726
13856UKWH00002B/752

9 782011 739742